Alfred Schmidt

Geschichte des Materialismus

SALIER VERLAG

Alfred Schmidt

Geschichte des Materialismus

Herausgegeben
von Klaus-Jürgen Grün
und Oliver Hein

Salier Verlag · Leipzig

ISBN 978-3-943539-73-8

1. Auflage 2017

Kapitel »Begriff« (S. 53–73) aus »Theologische Realenzyklopädie« Bd. 22, Berlin 1992, Stichwort »Materialismus«, mit freundlicher Genehmigung des Verlages Walter de Gruyter.

Herausgeber: Prof. Dr. Klaus-Jürgen Grün, Prof. Dr. Oliver Hein
Umschlaggestaltung: Christine Friedrich-Leye
Satz und Herstellung: Salier Verlag
Printed in Germany

www.salierverlag.de

Inhalt

Klaus-Jürgen Grün / Oliver Hein

Einführung Humanistischer Materialismus

Entstehung

Die philosophische Biografie Alfred Schmidts (1931–2012) ist maßgeblich geprägt von seiner Mitarbeit im *Institut für Sozialforschung* und im früheren philosophischen Seminar an der Frankfurter Goethe-Universität, wo seine Dissertation *Der Begriff der Natur in der Lehre von Marx* zwischen 1956 und 1960 bei Adorno entstand. Schmidt wurde dadurch zum Marx-Experten der Frankfurter Schule und trug sowohl zur Popularität als auch zum Verständnis von Karl Marx in der 68er-Generation bei. Diese Wirkung wurde nicht zuletzt verstärkt durch seine ausgezeichneten Übersetzungen – schließlich war Alfred Schmidt auch Anglist – einiger Standardwerke der *Kritischen Theorie* aus dem Amerikanischen. Hier sind vor allem Max Horkheimers *Kritik der instrumentellen Vernunft*, Herbert Marcuses *Vernunft und Revolution* sowie Marcuses *Eindimensionaler Mensch* zu nennen.

In der ersten Hälfte der 90er Jahre des vergangenen Jahrhunderts befasste sich Alfred Schmidt vertieft mit der Geschichte des Materialismus, nachdem er in den 80er Jahren insbesondere Studien zu Feuerbachs Sensualismus, Goethes Pantheismus, Schopenhauers Willensmetaphysik und der

Bedeutung Hegels für den späten Idealismus abgeschlossen hatte. Auch die seinerzeit zusammen mit Gunzelin Schmid-Noerr für den S. Fischer Verlag begonnene Edition der *Gesammelten Schriften* Max Horkheimers bewirkte eine Neuaufnahme der Fragen zur Geschichte des Materialismus.

Seit der Zeit der Arbeit an seiner Dissertation über den *Begriff der Natur in der Lehre von Marx* waren in den 70er Jahren verschiedene Studien über Materialismus entstanden, unter ihnen *Drei Studien über Materialismus* sowie die *Einleitung* zu der von ihm neu edierten *Geschichte des Materialismus* Friedrich Albert Langes. Angeregt durch das Erscheinen der zu seinem 60. Geburtstag am 31. Mai 1991 von Matthias Lutz-Bachmann und Gunzelin Schmid-Noerr herausgegebenen voluminösen Festschrift *Kritischer Materialismus* überarbeitete Schmidt während einiger Semester ältere Vorlesungsmanuskripte zur Geschichte des Materialismus. Sie bewirkten bei ihm eine Bestandsaufnahme und zugleich eine Neubewertung der Bedeutung des Materialismus für die Entwicklung der Geschichte der Philosophie. So waren es nicht zuletzt seine Schüler und die näher stehenden Kollegen, die durch ihre eigenen Orientierungsversuche zwischen Anpassung an den akademischen Zeitgeist und den stets quer zum schulbildenden Lehrgehalt der Philosophie stehenden Fragen des Materialismus für Schmidt zum Anlass wurden, selbst eine Geschichte des Materialismus zu entwerfen. Wenngleich Schmidts Engagement für dieses Thema in den ersten Jahren des letzten Jahrzehnts im 20. Jahrhundert unter seinen Assistenten und Hiwis keinen Zweifel daran ließ, dass dieses Buch bald fertig sein würde, endete die Beschäftigung damit abrupt in der Mitte der 90er Jahre. Nur das einleitende Kapitel erschien unter dem Stichwort *Materialismus* in der *Theologischen Realenzyklopädie.*[1]

Die Bestandsaufnahme der Fragen zur Geschichte des Materialismus trat in der Folge des Zusammenbruchs des Sowjetmarxismus und des realexistierenden Sozialismus nach 1989 auf. Die Ereignisse verstärkten bei Alfred Schmidt eine Enttäuschung hinsichtlich der Hoffnung, dass es einen Sozialismus (Marxismus) mit menschlichem Angesicht auf absehbare Zukunft werde geben können. Die zu Beginn der 90er Jahre vorbereitete Neuauflage seiner Dissertation *Der Begriff der Natur in der Lehre von Marx* brachte eine veränderte Perspektive zutage. Die Rolle der Dominanz der determinierenden Naturfaktoren gegenüber der sekundären Kraft humaner Absichten rückte dabei stärker in den Vordergrund. »Daß ›gesellschaftliche Vermittlung der Natur‹ die ›naturhafte Vermittlung der Gesellschaft‹ voraussetzt, ist vielleicht erst heute im vollen Bewußtsein der Implikationen aussprechbar.«[2] Hier ist ein eindeutiger Vorrang definiert: Bevor Natur ihr von der Gesellschaft geprägtes zweites Gesicht erhält, gibt es eine ursprüngliche Einbindung aller gesellschaftlicher Vorgänge in Naturverhältnisse. Schmidt folgte dabei dem Gedanken Engels': »Bei ›jedem Schritt‹, so Engels in der *Dialektik der Natur,* ›werden wir ... daran erinnert, daß wir keineswegs die Natur beherrschen, wie ein Eroberer ein fremdes Volk beherrscht, wie jemand, der außer

1 Cf. *Theologische Realenzyklopädie,* Verlag Walter de Gruyter, Band 22, Berlin 1992, *Materialismus,* S. 262-268. – Wir danken dem Verlag Walter de Gruyter für die freundliche Genehmigung, das Kapitel hier wieder abzudrucken.

2 Alfred Schmidt, *Der Begriff der Natur in der Lehre von Marx,* 4. überarbeitete und verbesserte Auflage mit einem neuen Vorwort von Alfred Schmidt, Europäische Verlagsanstalt, Hamburg 1993, S. X.

der Natur steht – sondern daß wir mit Fleisch und Blut und Hirn ihr angehören und mitten in ihr stehn, und daß unsre ganze Herrschaft über sie darin besteht, ... ihre Gesetze erkennen und richtig anwenden zu können‹«[3]. Schmidt legte schließlich Wert darauf, dass wir in unserer sozialen Wirklichkeit, niemals abgehoben von der unpersönlichen Natur unabhängige Entscheidungen treffen. »Deshalb sollten wir uns vor der Illusion hüten«, fährt Schmidt im Anschluss an das Engels-Zitat fort, »im Sozialismus werde die Menschheit sich souverän über die Natur erheben. Deren noch so große Beherrschung, bemerkt hierzu Max Adler, beseitigt nicht ›die Naturabhängigkeit ... der gesellschaftlichen Erscheinungen‹; sie ändert bloß die Form, worin sie sich durchsetzt.«[4]

Die Angst vor dem Materialismus

Wenn Matthias Lutz-Bachmann und Gunzelin Schmid-Noerr in ihrem Vorwort zu *Kritischer Materialismus* hervorheben, dass es Alfred Schmidt um einen »kritischen Materialismus der historischen Praxis«[5] gegangen sei, dann stellen sie auch seine stets gegen den Sowjetmarxismus gerichteten politischen Ansprüche materialistischer Philosophie heraus. Historische Praxis bezieht sich stets auf das Handeln der Menschen innerhalb der historisch erreichten technischen

---

3 Ibid. – Cf. Friedrich Engels, *Dialektik der Natur*, in: Marx/Engels, Werke, Band 20, Berlin 1968, S. 453.

4 Ibid.

5 Matthias Lutz-Bachmann, Gunzelin Schmid Noerr (Hrsg.), *Kritischer Materialismus, Zur Diskussion eines Materialismus der Praxis. Für Alfred Schmidt zum 60. Geburtstag*, Hanser, München 1991, S. 7.

und rationalen Möglichkeiten, wobei der Mensch sich als das Subjekt der Praxis und nicht als das Objekt eines Geschehens verstehen sollte. Die aus dem sowjetischen *Dialektischen Materialismus* (DIAMAT) erwachsenen Enttäuschungen des West-Marxismus – Unterdrückung kritischen Bewusstseins; Staatskapitalismus; Zensur; Staatsterror; ausgebliebene Entnazifizierung; metaphysische Realdialektik – führten ihn zu einer Konzentration auf die weltverändernde Praxis, die aufgrund politischer Interessen aus dem Begriff des Materialismus nicht willkürlich ausgeklammert werden dürfe. Während im Sowjetmarxismus die Gesetze der Marx'schen Dialektik als eine Objektivität, wie von einem Standpunkt von nirgendwo eindeutig und absolut gültig formuliert, gelehrt wurden, hatte der Westmarxismus der *Kritischen Theorie* von vornherein das Verhältnis der menschlichen Praxis zur Natur anders bestimmt. »Nach Marx«, fasst Schmidt die Thesen seiner Dissertation zusammen, »ist auszugehen nicht von der Materie, sondern von dem, was menschliche Produktion im Lauf der Geschichte mit ihr anzufangen vermag.«[6] Diese Position steht in klarem Gegensatz zu Lenins Metaphysik der Dialektik der Materie, wie sie in *Materialismus und Empiriokritizismus* zur Erscheinung kommt.[7] Nicht die vermeintlich

6 Alfred Schmidt, *Zur Idee der Kritischen Theorie. Elemente der Philosophie Max Horkheimers*, Hanser, München 1974, S. 25.

7 W. I. Lenin. Band 14. *Materialismus und Empiriokritizismus. Kritische Bemerkungen über eine reaktionäre Philosophie*, Dietz Verlag, Berlin 1971. – Lenin möchte die von Kant eingeleitete Kritik am Objektivismus zurückbilden, wenn er im genannten Werk schreibt: »Da der Materialismus die von unserem Bewußtsein unabhängige Existenz der objektiven Realität, d. h. der sich bewegenden Materie, anerkennt, so muß er unvermeidlich auch die objektive Realität von Zeit und Raum anerkennen, zum Unterschied vor allem vom Kantianismus, der in dieser Frage auf der Seite des Idealismus steht und

objektive Eigendynamik dialektischer Gesetze der Geschichte, sondern die – wie sich später erst zeigen wird – aus Schopenhauers *Negativität des Weltlaufs*[8] gewonnene Hoffnung, dass es eine andere Ordnung der Dinge gäbe als die der physisch-materiellen Welt, galt Alfred Schmidt ebenso wie Max Horkheimer als Anstoß zu einer weltverändernden Praxis.

So wenig die Definition von Materie sich an einer absoluten Objektivität orientieren kann, so wenig kann die Struktur der Veränderung eine ewig sich gleichbleibende sein. Verändernde Praxis bleibt so stets auch gehemmt, durch die Inhalte des Bewusstseins, die einer Welt angehören, die bereits vergangen ist. Nach wie vor »wälzt« sich der juristische und philosophische Überbau langsam hinter der Veränderung der realen Welt her. Wenn wir in der Gegenwart erleben, dass im Zeitalter einer kaum mehr rückgängig zu machenden Globalisierung starre Muster nationalistischer Identitätssuche aufkeimen, ist deren Existenz zum Großteil dem unvollständigen Verständnis gesellschaftlicher Entwicklung geschuldet. Alte Muster geistern als metaphysische Wahrheiten über der realen Gesellschaft weiter fort. Sie erscheinen fest wie Naturgesetze und beziehen aus diesem Schein ihre Legitimität. Ein kritischer Materialismus der Praxis sollte der Auflösung solcher Erstarrungen dienlich sein.

Zeit und Raum nicht für eine objektive Realität, sondern für Formen der menschlichen Anschauung hält.« (S. 167)

8 Cf. hierzu auch: Klaus-Jürgen Grün, Matthias Jung, Matthias Lutz-Bachmann, Gunzelin Schmid Noerr (Hrsg.), *Negativität des Weltlaufs – Zum Verhältnis von Ethik und Geschichtsphilosophie*, Georg Olms Verlag, Hildesheim/New York/London 1999 sowie Alfred Schmidt, *Tugend und Weltlauf – Vorträge und Aufsätze über die Philosophie Schopenhauers (1960-2003)*, Peter Lang, Frankfurt am Main 2004.

Auch die Beschäftigung mit Langes *Geschichte des Materialismus* führte Schmidt nicht weiter als bis zur Einsicht, dass sich dort ebenfalls Geschichte des Materialismus weitestgehend erschöpfte in der jeweils wechselnden Metaphysik des Materiellen. Der Begriff der »Praxis« dagegen schien geeignet, eine Tür zu öffnen zur Offenheit des Weltganzen und zur Kritik der kryptotheologischen Restbestände in der Gegenwartsphilosophie. Die Hartnäckigkeit, mit der sich längst widerlegte Denkformen sowohl im akademisch-philosophischen Klima als auch im Alltagsverstand fortpflanzten – Marx nannte sie zuweilen »Gespenster« –, schien Marx darin Recht zu geben, dass die von ihm als Überbauphänomene charakterisierten Denkformen nicht Schritt halten können mit dem Fortschritt der technischen und ökonomischen Entwicklung. Philosophische Lehren orientieren sich daher fast immer noch an einer Theorie der Naturwissenschaften wie sie im Zeitalter des mechanistischen Materialismus Newtons einmal Wirklichkeit gewesen ist.

Auf jener früheren Linie der Metaphysik des Materiellen bewegen sich heute noch beispielsweise die Hauptströmungen der Materialismusforschung. Vor allem die durch moderne Hirnforschung auf der Gegenseite inspirierte Erneuerung des vermeintlichen Leib-Seele-Problems zeigt, dass die Hauptströmungen der Philosophie sich kaum entfernt haben von vorindustriellen Denkformen einer Metaphysik der Natur. Denn auch diese Hauptströmungen artikulieren sich in der altertümlichen Vorstellung von Materialismus, worin der Geist »in Wirklichkeit ein Aspekt (oder eine Funktion) der Materie« sei.[9] Vergeblich hatte Schmidt von Anfang an ver-

9 Mark Solms, Oliver Turnbull, *Das Gehirn und die innere Welt. Neurowissenschaft und Psychoanalyse*, aus dem Englischen übertragen von Elisabeth Vorspohl, Walter, Mannheim 2011, S. 64.

sucht klarzustellen, dass sich schon im 19. Jahrhundert »die Reduktion des Wirklichen auf körperliches Sein, gerade in Deutschland, … als rückständig« erwies, und es werde »damit ›vulgär‹, auf seiner absoluten Gültigkeit zu beharren«.[10]

Das Gesicht des *Materialismus*, das Schmidt im Blick hatte, lässt sich am ehesten erkennen aus den Positionen der Verächter dieser Denkhaltung. Dort nämlich wird *Materialismus* als eine philosophische Fratze gezeichnet. Reihum erweist sie sich als fundamental für die Stabilität traditioneller philosophischer Positionen und ihrer kryptotheologischen Restbestände. Denn die Verächter des Materialismus bestimmen, dass dieser stets bloß als Metaphysik der Materie aufzutreten *habe*.

Die gegenwärtige Rolle der Neurowissenschaften bei der Beantwortung philosophischer Fragestellungen bietet reichlich Gelegenheit, dieses Phänomen zu beobachten. Während es beispielsweise weder in der naturwissenschaftlichen Forschung noch im philosophischen Materialismus ein Leib-Seele-Problem gibt – das weltanschauliche Postulat, einer vom Leib wesentlich verschiedenen Seele spielt in den Erfahrungswissenschaften keine Rolle –, halten traditionsbewusste Philosophen daran fest, dass »der Materialismus gegenwärtig wieder eine Renaissance« erlebe, weil es beispielsweise kein Leib-Seele-Problem darin gibt.[11] Denn »be-

---

10 Alfred Schmidt, *Friedrich Albert Lange als Historiker und Kritiker des vormarxschen Materialismus*, Einleitung zu: Friedrich Albert Lange, *Geschichte des Materialismus*, hrsg. von Alfred Schmidt, 2 Bde., Suhrkamp, Frankfurt am Main 1974, S. XI.

11 Interessanterweise gibt es eine Beschäftigung des *Deutschen Bundestages* mit der Frage, ob aus den naturwissenschaftlichen Theorien der Hirnforscher Konsequenzen zu ziehen seien für die Struktur der sozialen Ordnung. Die konservative Antwort von Philosophen weigert

flügelt durch Fortschritte in der Neurobiologie glaubt man, in naher Zukunft das Bewußtsein naturwissenschaftlich erklären zu können.«[12] Freilich glauben die Autoren nicht, dass

---

sich, ein altes längst gelöstes Problem aufzugeben: »Die von Singer und Roth so vehement vertretene materialistische Antwort auf die Frage nach dem Verhältnis von Gehirn und Geist, d. h. die Reduktion geistiger Phänomene auf materielle (biologisch-physikalische) Vorgänge, die Naturgesetzen unterliegen«, lautete das Votum der philosophischen Berater, »ist durchaus nicht neu und wird auch nicht exklusiv von Naturwissenschaftlern vertreten. Abgesehen davon, dass die Diskussion als Leib-Seele-Problem sich weit in die Philosophiegeschichte zurückverfolgen lässt, sind Versuche, mentale Phänomene und zentrale philosophische Begriffe wie Selbst, Willen, Bewusstsein mit einer naturwissenschaftlichen Erklärung in Einklang zu bringen, seit Jahrzehnten zentraler Gegenstand der modernen Philosophie des Geistes.« (*Deutscher Bundestag Drucksache* 16/7821, 16. Wahlperiode 22.01.2008, Bericht des Ausschusses für Bildung, Forschung und Technikfolgenabschätzung (18. Ausschuss) gemäß § 56a der Geschäftsordnung: S. 27.) – Die Autoren erheben den Anspruch, dass das von Philosophen unermüdlich strapazierte Leib-Seele-Problem gar nicht verschwinden könne, weil es von Philosophen immerzu behandelt worden sei. Wer das Problem dadurch zum Verschwinden bringe, dass es kein Problem mehr ist in einer materiellen Welt, der reduziere die Seele auf die Materie, und das sei eine Unzulässigkeit, weil dann das Leib-Seele-Problem verschwände. Der entsprechende Ausschuss im *Deutschen Bundestag* hat sich mit diesen Erklärungen zufriedengegeben.

12 Thomas Zoglauer, *Geist und Gehirn. Das Leib-Seele-Problem in der aktuellen Diskussion*, Vandenhoeck und Ruprecht, Göttingen 1998, S. 24. – »Es müsste nun deutlicher werden, weshalb es genauso sinnlos ist zu sagen, das Gehirn sei die ›physische Basis‹ des Geistes, wie es sinnlos ist zu sagen, der Darm sei ›die physische Basis‹ der Verdauung: Die Elemente der Menge namens ›Geist‹ sind Gehirnprozesse, keine immateriellen ›Vorgänge‹ (wobei wir nicht einmal wissen, was wir uns unter einem immateriellen Vorgang vorstellen sollten). Darüber hinaus ist es sinnlos, von einem ›kollektiven Geist‹ zu sprechen, als handele es sich dabei um eine Entität oder auch nur um ein funktionales System: Wenn es kein kollektives Gehirn gibt, gibt es auch

eine solche Erklärung jemals möglich sei. Ihnen dient das Argument bloß zur Beruhigung der erahnten Gefahr für ihren Glauben an die Existenz geistiger Entitäten. Sie sprechen daher Naturforschern die Zuständigkeit ab, über geistige Entitäten ein Urteil abzugeben. Ihnen ist es nicht erlaubt, über das Bewusstsein und seine rein geistige Daseinsweise zu spekulieren.[13] Materialismus befinde sich deswegen auf Abwegen, weil nur Geisteswissenschaftler Bewusstsein erklären dürften. Naturwissenschaftler, die Urteile über Bewusstsein, Seele oder Geist äußern, gelten als Metaphysiker und Spekulanten. Weil reine Naturforschung nicht zuständig sei für geisteswissenschaftliche Domänen, weisen ihr vor allem Philosophen die Aufgabe zu, Materie als ein mechanistisch-atomistisches Gebilde zu behandeln. Diese Denkhaltung aber, deren Fortwirken sie nahezu ausschließlich selbst pflegen, verachten Geisteswissenschaftler seit Jahrtausenden als *Materialismus*. Wer Funktionen der Willensbildung aus diesem Mechanismus schließlich erklären will, gilt freilich als ein Reduktionist, dessen Mühen niemals vom Erfolg gekrönt sein könnten. So gesehen, gelten Materialisten noch heute

---

keinen kollektiven Geist. Und genauso wenig gibt es ein kollektives Gedächtnis oder ein kollektives Unbewusstes – jedenfalls nicht als real existierende Entitäten. Schließlich gibt es … keine geistige Ebene (geschweige denn eine seelische) als eigene Systemebene (die manchmal auch als Noosphäre bezeichnet wird), weil der Geist weder ein materielles System noch ein eigenständig existierendes Ding ist. Man könnte allenfalls die Menge aller denk- oder bewusstseinsfähigen Organismen als eigene Ebene betrachten.« (Mario Bunge, Martin Mahner, *Philosophische Grundlagen der Biologie*, Springer, Berlin 2000, S. 201.)

13 Cf. hierzu zusammenfassend: Gerhard Roth, *Worüber dürfen Hirnforscher reden – und in welcher Weise?*, in: Deutsche Zeitschrift für Philosophie, 52/2004, Heft 2, S. 223-234.

als Metaphysiker der Natur. Schließlich sei die Welt komplexer als es Naturwissenschaftler – in der Funktion, die ihnen zahlreiche Philosophen zuschreiben – zu erklären vermögen.

Die Rolle, die Geisteswissenschaftler dem Materialismus verordnen, ist notwendig, um den Gegensatz zwischen Geist und Materie aufrechtzuerhalten. Dieser Gegensatz soll ein unauflöslicher bleiben. Hierzu ist es freilich nötig, Naturwissenschaftlern zu unterstellen, sie lehrten einen bestimmten Begriff von Materie, der dieser Forderung entspricht. Schon deswegen löste es keinerlei Widerspruch in den Geisteswissenschaften aus, als Robert Spaemann 2008 – hochmodern – auf dem *Philosophie-Festival* in Hannover seine schon zwei Jahre früher publizierte Behauptung wiederholte: »Leben ist nicht eine Eigenschaft des dem Lebewesen zugrunde liegenden Materials, sondern es ist eine Weise zu sein. Ja, es ist die exemplarische Weise zu sein.«[14] Dadurch setzte Spaemann die Lehre der Entelechie des Aristoteles unbeschadet der seit Jahrhunderten vorgebrachten Widerlegungen der Plausibilität dieser Spekulation fort: »Leben ist das Sein des Lebendigen.«

Während Materialismus sich stets damit begnügte festzuhalten, dass Leben nichts Anderes zu sein braucht als ein besonderes Resultat der Funktionsweise organischer Materie, wollen die Verächter dieser Sparsamkeit mit Voraussetzungen eine zusätzliche Seinsweise einführen: Die Seinsweise des Lebens. Sie glauben dabei, dass diese zusätzliche Einführung weder spekulativ noch metaphysisch sei, sondern im höchs-

---

14 Robert Spaemann, *»Seele«*, in: Peter Nickl, Georgios Terizakis (Hrsg.), *Die Seele: Metapher oder Wirklichkeit? Philosophische Ergründungen. Texte zum ersten Festival der Philosophie in Hannover 2008*, transcript Verlag, Bielefeld 2016, S. 52.

ten Sinne wahr und unwiderleglich. (Bloß der Verzicht auf die Annahme der Existenz dieser Seinsweise, wie er im Materialismus gepflegt werde, sei spekulativ und metaphysisch.) Das »Prinzip« des Lebens, »was wir Entelechie, Seele nennen können, nämlich ein Prinzip der Spontaneität, der Eigentätigkeit«, sei der Grund, warum »das Lebendige selbst darüber entscheidet, was für es Ursache sein soll und was nicht. Und diese Entscheidung ist eine Funktion der Tendenz des Lebendigen, sich zu verwirklichen und sich zu erhalten.«[15] Die Verteidigung des Leib-Seele-Problems beruht also offensichtlich auf der Angst vor dem Verlust der Möglichkeit, Naturkausalität außer Kraft setzen zu können, die Geisteswissenschaftler der geistigen Willenskraft zuschreiben. Dass dieser Verlust weitestreichende Konsequenzen für die soziale und rechtliche Struktur der Gesellschaft hätte, versteht sich von selbst, wenn wir diese Überlegungen auf die gegenwärtig immer noch anhaltende Diskussion um Präimplantationsdiagnostik und Sterbehilfe anwenden.[16]

---

15 Ibid.

16 Seit Jahrzehnten können wir in diesem Bereich beobachten, wie sich unhaltbar gewordene alte biologische Theorien als Ideologien im juristischen Apparat festhalten, obwohl sie zu größten Ungereimtheiten führen. So bemüht beispielsweise die vorherrschende konservative Rechts- und Ethikauffassung in der Frage der Embryonenforschung und des Schwangerschaftsabbruchs das so genannte »Speziesargument«. Es bedeutet: »Der Schutz des Tötungsverbots gelte für den Embryo schon einfach deshalb, weil er biologisch der Spezies Homo sapiens angehört. Da alle geborenen Angehörigen dieser Spezies zweifellos ein Grundrecht auf Leben haben, gebiete das Prinzip der Gleichbehandlung auch den Schutz des Embryos.« (Reinhard Merkel, *Verbrauchende Embryonenforschung? Grundlagen einer Ethik der Präimplantationsdiagnostik und der Forschung an embryonalen Stammzellen*, in: *Gerechtigkeit und Politik*, herausgegeben von Reinold Schmücker und Ulrich Steinvorth, Akademie Verlag GmbH, Berlin

Das Gesicht des Materialismus unterscheidet sich deutlich von der Fratze, die seine Verächter darin sehen wollen. Ein kritischer Materialismus kann nicht mit dem Argument abgewehrt werden, er befasse sich bloß mit einer Metaphysik der Materie. Vielmehr gilt, dass Materialismus erklären möchte, warum es in vorherrschenden Rechts- und Moralsystemen bereitwillig zur Anerkennung von Widersprüchen und Ungereimtheiten kommen kann, wenn massiv Herrschaftsinteressen bedroht sind. Materialismus erschöpft sich nicht darin, eine Theorie der Materie zu sein. Er hat stets auch politische Bedeutung.

Das Gehirn denkt

Die von Neurobiologen angestoßene Debatte um den freien Willen in der ersten Dekade des 21. Jahrhunderts zeigte einmal mehr die Bedeutung des metaphysischen Materialismus zum Selbstverständnis der Hauptströmung der Philosophie. *Materialismus* fungiert auch dort als Bezichtigungsbegriff,

---

2002, S. 151-178, S. 156) Die Unhaltbarkeit des Arguments liegt auf der Hand: »Ob das Gleichbehandlungsgebot diesen schützenden Einbezug des Embryos gebietet, kann ersichtlich erst dann entschieden werden, wenn dessen Status als der eines normativ ›Gleichen‹ geklärt ist. Dafür taugt der Hinweis auf die Gattungszugehörigkeit jedoch nicht. Wer allein das Faktum einer bestimmten biologischen Beschaffenheit heranzieht, um damit eine Norm zu begründen – nämlich ein Recht des Embryos auf Leben, also eine Pflicht aller anderen, seine Tötung zu unterlassen –, der demonstriert einen klassischen naturalistischen Fehlschluss. Auch jenseits aller philosophischen Argumente wäre es im Übrigen schwer verständlich, wie und warum allein die molekulare Mikrostruktur der Basenpaare unserer DNA so etwas wie fundamentale Rechte sollte begründen können.« (Ibid.)

dem eine beschränkte und unhaltbare Annahme zugewiesen wird. Vor dieser Schablone sollen sich die Konturen einer Philosophie hervorheben, die dem Menschen als einem freien, wollenden und würdigen Subjekt gerecht wird, und die sein Denken nicht aus Hirnfunktionen zu erklären versucht. – Aber warum sollten traditionelle Spekulationen über das »Ich denke«, das »alle meine Vorstellungen [muss] begleiten können«[17], das Bewusstsein besser erklären als naturwissenschaftliche Forschung? Warum soll es mit der Würde des Menschen leichter zu vereinbaren sein, wenn denunzierende Behauptungen über Materialisten verbreitet werden?

Ein Materialismus der Kritik sucht die Gründe für die Abwehr dieser Fragestellungen auch in der Angst- und Triebstruktur des philosophischen Forschers selbst aufzuspüren. Er fragt nicht nach unwiderleglichen Wahrheiten, sondern nach den Gründen, eine solche besitzen zu wollen. Er fragt danach, warum offensichtliche Implausibilitäten hingenommen werden, während gleichzeitig dem Anschein nach mit schärfster Präzision argumentiert wird. Die traditionelle Philosophie hatte ihre Daseinsberechtigung offenbar derart stark aus der idealistischen Auffassung von Subjekt, Willensfreiheit, Seele und Geist generiert, dass sie mit dem Wiedererstarken naturalistischer Positionen in der Philosophie um ihre Zuständigkeit für mentale Ereignisse fürchten musste.

Der Vorwurf einer unhaltbaren Metaphysik der Materie verbündet sich daher auch in der Gegenwart wieder leicht mit der Wahrnehmung des Alltagsverstandes, der sein Denken und Handeln nicht als determiniert erlebt und in dieser

17 Immanuel Kant, *Kritik der reinen Vernunft*, AA III, § 16. »Von der ursprünglich-synthetischen Einheit der Apperception.«

vermeintlichen Indeterminiertheit seine Personalität sowie seine Würde verortet. Im philosophischen Diskurs verwandelt sich diese Alltags-Intuition in eine Selbstauflösung des Materialismus (im Sinne seiner metaphysischen Spielart), die zu befördern sich auch Habermas nicht zu schade ist: »Aber ist die deterministische Auffassung überhaupt eine naturwissenschaftlich begründete These, oder ist sie nur Bestandteil eines naturalistischen Weltbildes, das sich einer spekulativen Deutung naturwissenschaftlicher Erkenntnisse verdankt?«[18] Freilich zweifelt Habermas so wenig wie andere Funktionäre der philosophischen Forschergemeinschaft daran, dass der Materialismus der Hirnforscher nichts anderes als eine spekulative Weltanschauung darstelle. Ebenso zweifelt Habermas nicht daran, dass Naturwissenschaftler nicht den Verstand besitzen, ohne Zuhilfenahme philosophischer und soziologischer Vormünder, ihre eigenen Forschungsergebnisse zu interpretieren. Doch statt sich der Herausforderung zu stellen, wird die Kritik am traditionellen Selbstverständnis der Philosophie in zwei Schritten abgewehrt: Erstens seien alle deterministischen Naturanschauungen spekulative Deutungen, und zweitens gehören sie automatisch in die Schublade des Naturalismus und Materialismus, der aufgrund seiner metaphysischen Prämissen längst widerlegt sei. Allerdings reflektiert die Forschergemeinde nicht darüber, dass sie selbst zuvor den Materialismus zu einer spekulativen metaphysischen Weltanschauung erklärt hatte, um davon abzulenken, dass Dialektik, Phänomenologie, Philosophie des Geis-

18 Jürgen Habermas, *Die Freiheit, die wir meinen. Wie die Philosophie auf die Herausforderungen der Hirnforschung antworten kann*, in: Der Tagesspiegel, 14.11.2014. http://www.tagesspiegel.de/kultur/die-freiheit-die-wir-meinen/562620.html.

tes und des Bewusstseins, sprachanalytischer Positivismus, deontologische Ethik und vieles mehr in noch höherem Maße auf weltanschaulicher Spekulation beruhen könnten. Die Positionen der Forschergemeinde können jedoch auf diese Weise gegen empfindliche Kritik immunisiert werden.

Diese in den Hauptströmungen der Geschichte der Philosophie stets vorherrschende Abwehr des Materialismus als einer unhaltbaren Metaphysik der Natur führte Schmidt auf die Fährte, dass die materialistische Position allererst durch die intellektuelle Unredlichkeit seiner Abwehr ihre Plausibilität gewann. Hierdurch schien ihm eine Geschichte des Materialismus möglich zu sein, die auf verschiedene Konzepte geisteswissenschaftlicher Strömungen eine je spezifische Kritik hervorbrachte. Materialismus, wie Schmidt ihn verstand, ist dennoch selbst zumeist keine autonome oder alternative Lehre oder gar Philosophie. Er tritt fast ausschließlich als Kritik auf und entlarvt die Implausibilitäten der Schulphilosophie, ohne eine solche werden zu müssen. Die Funktion des Materialismus, die Alfred Schmidt in der Literatur vollkommen vernachlässigt sah, erkannte er genau darin, jene weltanschaulichen Implikationen der Traditionslinien der Philosophie freizulegen. Materialismus erscheint hierbei als eine Denkhaltung, die die unglaubwürdigen, aber zählebigen Prämissen akademischer Diskurse zu entlarven hatte, die uns immer wieder versichern wollen, dass Materialismus als einer Reduktion des Lebens und seiner Würde auf die Materie, die Seele, den Geist und das Bewusstsein niemals werde erfassen können. Doch – wie wir gesehen haben – beanspruchte der Materialismus zumeist gar nicht, diese Aufgabe zu erfüllen, sondern erwies sich oft nur als fähig, die Frage offen zu lassen und abzuwarten, bis sich vielleicht bessere Erklärungen böten. Somit konnte Materialismus nicht selbst wieder eine Schulphilosophie werden. Er erwies sich als die Position der Systemkritiker, die nicht selber wieder ein System zu begründen beabsichtigten.

Frühe Auseinandersetzungen mit Psychoanalyse und Hirnforschung zeigen Alfred Schmidt kämpferisch gegen den akademischen Zeitgeist der philosophischen Forschergemeinde eingestellt. In seiner Rezension der 1984 auf Deutsch erschienenen Ouvertüre der modernen Hirnforschung, dem *Neuronalen Menschen* von Jean-Pierre Changeux stimmte er der Diagnose Changeuxs uneingeschränkt zu, dass »die heutigen Humanwissenschaften sich – sehr zu ihrem Nachteil – von ›ihrem Mutterboden‹, der Biologie«, entfernt haben. Sie kümmern sich, abgesehen von Ausnahmen, nicht um die Methoden und Ergebnisse der neuen Gehirnforschung.«[19] Schmidts Empfehlung jener Jahre lautete: »Angesichts des Fortschritts auf neurobiologischem Gebiet in den letzten zwanzig Jahren, der sich allenfalls mit der Entwicklung der Physik zu Beginn des Jahrhunderts oder der Molekularbiologie während der fünfziger Jahre vergleichen läßt, scheint es geboten, das neue Wissen über die triviale Tatsache, daß der Mensch mit seinem Gehirn denkt, über den Kreis der Fachleute hinaus einem breiteren Publikum zu erschließen. Diesem Bedürfnis kommt das materialreiche, gescheite Buch von Changeux nach, das freilich (trotz beigefügten Glossars) schon terminologisch dem interessierten Laien manches Rätsel aufgibt. Hinzu kommt, daß sich Changeux keineswegs

19 Alfred Schmidt, *Die Materialität der Seele. Jean-Pierre Changeux: »Der neuronale Mensch«*, in: F.A.Z., 11.12.1984, Literaturbeilage, Seite L9.

damit begnügt, einige Ergebnisse neuerer Forschung mitzuteilen. In Wahrheit transportiert seine Schrift, ohne das philosophisch-bekenntnishaft auszusprechen, einen materialistischen Monismus von eiserner Konsequenz, der gegenüber Anhänger Lenins sich wie vorsichtige Leute mit idealistischen Skrupeln ausnehmen. Wenn Changeux – rhetorisch – fragt, ob nicht die Gegner einer rein ›biologischen Erklärung des Seelenlebens oder der geistigen Prozesse‹ befürchten, ›einem allzu einfachen Reduktionismus aufzusitzen‹, so trägt sein Buch jedenfalls nicht dazu bei, solche Bedenken zu zerstreuen.«[20]

Vom metaphysischen Materialismus zum kritisch-humanistischen Materialismus

In ähnlichem Sinne, aber stärker an Schopenhauer orientiert, vertrat Schmidt auch die materialistische Position in einem 1986 in der katholisch-philosophischen Hochschule St. Georgen bei Frankfurt aufgezeichneten Streitgespräch mit Jörg Splett über die Frage *Wie frei ist der Mensch?*[21] Während die konservative philosophische Denkgewohnheit Willensfreiheit nach dem Prinzip der moralischen Freiheit eines Christian Wolff definiert – »Wer aus deutlicher Erkenntnis des Guten dasselbe thut, hingegen aus deutlicher Erkenntnis des Bösen dasselbe unterlässet, der vollbringt das Gute und

20 Ibid.

21 Cf. private Tonband-Aufzeichnung vom 22. Oktober 1986, *Wie frei ist der Mensch – Ein philosophisches Streitgespräch*, mit Alfred Schmidt und Jörg Splett, in der Hochschule St. Georgen bei Frankfurt. (Aus dem Nachlass von Ingeborg Strauß).

unterlässet das Böse aus völliger Freyheit«[22] –, stellt Schmidt diese Auffassung als »übernatürliche« Freiheit der »natürlichen« gegenüber. Letztere sei jedoch nichts Anderes als die selbstverständliche, wenngleich von Naturverhältnissen beschränkte Handlungsfreiheit, die wir Menschen besitzen, und die unsere Wahl aus verschiedenen Optionen aufgrund natürlicher Motive zur Entscheidung bringt.

Die Ausführungen Schmidts zeigen deutlich, dass die Annahme einer übernatürlichen Freiheit – verstanden als Willensfreiheit – korrekterweise einer spekulativen Weltanschauung zuzurechnen ist, in der die natürliche Daseinsweise des Menschen überschritten werde, um ihn in einer »intelligiblen« Welt aufgehoben zu wähnen. Dagegen übernimmt die materialistische Position die Rolle der Kritik an der Notwendigkeit der Annahme des Übernatürlichen. Für Schmidt sind es auch die vielen Spielarten einer Lehre, die seit der Stoa, das Moralische aus der Natürlichkeit des Menschen erklären zu können beanspruchten. Darunter vor allem die pantheistischen Lehren. In Abkehr von ihnen verortete er diejenigen Lehren, die – wie Schmidt es mit den Worten Schopenhauers zusammenfasst – in der natürlichen Ordnung der Dinge nicht die einzige und absolute Ordnung der Welt erkennen wollen. Für sie gilt, was Schopenhauer als »das notwendige Credo aller Gerechten und Guten« bezeichnete: »Ich glaube an eine Metaphysik«[23]; das heißt, an eine übersinnliche Daseinsweise der Welt, aus welcher sich normative Kraft ableiten lasse. Schmidt war sich dessen bewusst, dass es sich

22 Schmidt zitierte diese Passage aus Christian Wolffs *Vernünftige Gedancken von der Menschen Thun und Lassen* von 1752.

23 Arthur Schopenhauer, *Die Welt als Wille und Vorstellung*, II. Band, Züricher Ausgabe, Zürich 1977, S. 205.

hierbei ebenfalls um eine spekulative Annahme, ja um ein metaphysisches Bekenntnis handelte, das gleichwohl – und dies bildet den Unterschied zu herrschenden Ideologien – eine nichtmetaphysische Ursache haben kann. Wie Schmidt mit Schopenhauer bekennt, beruht diese Annahme nämlich auf einem »metaphysischen Bedürfnis« des Menschen und nicht auf der Existenz einer geistigen oder seelischen Substanz.[24]

Dass es zu einer solchen Vergeistigung des Normativen überhaupt gekommen sei, erklärte Schmidt in jenem Streitgespräch aus der Jahrtausende alten menschlichen Erfahrung mit der *Ananké*, der unerbittlichen Naturnotwendigkeit, von der wir vor allem aus der Mythenforschung wissen, dass sie aus dem Drang zur Verniedlichung des Gefürchteten stammt. Religiöse Vergeistigung und metaphysische Übersinnlichkeit – so die materialistische Antwort auf den Glauben an die Metaphysik – hat ihrerseits den Ursprung in der natürlichen Triebstruktur des Menschen und nicht in einer primären übernatürlichen Seinsweise oder einer Seelensubstanz: »Die Furcht hat zuerst in der Welt Götter geschaffen.«[25] Während die Erklärungen religiöser Gottesvorstellungen zumeist platonisch sind und Gott aus der Vernunft oder einem Schöpfungsmythos ableiten, bevorzugt die materialistische Erklärung eine psychische Not – Sigmund Freud spricht sogar von einer Zwangsneurose –, deren Linderung das göttliche Heilsversprechen sein kann.

In der Position Schopenhauers, dass die moralische Ord-

24 Cf. hierzu u.a. Alfred Schmidt, *Religion als Trug und als metaphysisches Bedürfnis. Über den Zusammenhang von Ethik und Religionsphilosophie bei Arthur Schopenhauer*, in: Ders., *Tugend und Weltlauf*, l.c..

25 Petronius Gajus Arbiter (40-96).

nung eine andere als die physische Weltordnung bedeute und hierdurch der Hoffnung auf eine bessere Welt Genüge geleistet werde, sah Alfred Schmidt stets die vertretbare Position, in der die Marx'sche weltverändernde Praxis mit der materialistischen Negation des prästabilierten moralischen Weltlaufs auf moderne Weise in Einklang zu bringen sei. In dem Maße, wie das metaphysische Bedürfnis nach einer ganz anderen Welt im Leib des Menschen als Angst oder Hoffnung verortet ist, handelt es sich auch bei dieser Bestimmung von Transzendenz um eine materialistische Position. Sie verzichtet nämlich auf die Annahme einer zweiten Seinsordnung über der Leibnatur des Menschen, sondern setzt voraus, dass sich *Hoffnung* vollkommen in die physische Welt einfügt. Allerdings war Schmidt der Auffassung, dass die alleinige Anerkennung einer materiellen Natur, ohne die Hoffnung auf eine andere – moralische – Seinsweise als »Positivismus« abzulehnen sei. Hierauf wird weiter unten noch einzugehen sein.

Schon die Tatsache, dass viele pantheistische Konstrukte einen versteckten Materialismus enthalten, ist für Schmidt Grund genug, die materialistische Denkhaltung sehr viel differenzierter als die verbreiteten Studien zum Materialismus zu betrachten. So beinhaltet beispielsweise der Pantheismus Giordano Brunos nicht nur spekulative Aussagen über die Chemie des Universums, sondern vor allem die Opposition gegen die Methode der Scholastiker, die die Gültigkeit einer vermeintlichen Wahrheit aus Behauptungen von Autoritäten – namentlich des Aristoteles und der Konzilsbeschlüsse – ableiteten. Indem Bruno weiterhin die Natur vergöttlicht, naturalisiert er den Gott und macht ihn zu einem Bestandteil der diesseitigen Welt. Ja, der schöpferischen Materie und ihrer Bildegesetze bleibt selbst der pantheistische Gott unterworfen. Schmidt spricht von ihm als dem »enthusiastischen Verkünder einer weltfrommen, daseinstrunkenen Philosophie«[26]. Der sensualistische Gehalt dieses Materialismus äußert sich dadurch, dass Bruno dem metaphysischen Bedürfnis nach Transzendenz folgt, ohne dabei dem Anspruch der Sinnlichkeit zu widersprechen. Eine übernatürliche Gottheit wird Bruno zum Unding.

Wenige Darstellungen des Materialismus bauen auf der Einsicht auf, die beispielsweise auch die Grundlage der Habilitationsschrift von Annette Wittkau-Horgby bildete, nämlich dass »die naturwissenschaftliche Erkenntnis … im Rahmen der Konzeption des historischen Materialismus zwar eine wichtige, gleichwohl letztlich untergeordnete Rolle«[27] spielt. Diese Position vertrat stets auch Alfred Schmidt, wenngleich er in der Übertreibung naturwissenschaftlicher Positionen früh schon ihre Stoßkraft gegen den Idealismus aufspürte. So ergreift Schmidt stets Partei für den physiologischen Materialismus der »philosophischen Medizin«, wenn dieser sich etwa gegen den theologischen Hintergrund cartesianischer Erwägungen richtet, also gegen die Behauptung, »›daß die vernünftige Seele durch eine unmittelbare Schöpfung Gottes hervorgebracht wird‹«[28]. John Lockes anthropologisches

---

26 Cf. im Text unten.

27 Annette Wittkau-Horgby, *Materialismus: Entstehung und Wirkung in den Wissenschaften des 19. Jahrhunderts*, Vandenhoek & Rupprecht, Göttingen 1998, S. 6.

28 Alfred Schmidt, *Die Leiblichkeit des Menschen als Bindeglied zwischen Medizin und Philosophie*, in: Michael Th. Greven, Peter Kühler, Manfred Schmitz (Hrsg.), *Politikwissenschaft als Kritische Theorie. Festschrift für Kurt Lenk*, Nomos Verlagsgesellschaft, Baden-Baden 1994, 133-149, S. 135.

Denken wertete Schmidt dagegen als einen »Durchbruch im Frankreich des achtzehnten Jahrhunderts«, wenn er, wie Schmidt mit Voltaire unterstreicht, »›vom Menschen her den menschlichen Verstand ableitet, so wie ein hervorragender Anatom die Triebkräfte des menschlichen Körpers.‹«[29]

Dennoch ist auch die Warnung vor der Gefahr naturwissenschaftlicher Ignoranz im philosophischen Materialismus nicht unberechtigt.[30] Von anderer Seite wurde mit Recht ausdrücklicher kritisiert, dass die »Anti-Naturdialektiker der Traditionslinie Lukâcs – Merleau-Ponty – Alfred Schmidt, … die sich für besonders gute Marxisten oder Marxkenner halten, im Hinblick auf die Naturwissenschaften aber mit ungenügenden Kenntnissen ausgerüstet sind«[31]. Schließlich war auch Schmidts Verständnis naturwissenschaftlicher Methoden – insbesondere die Bedeutung des Experiments und der Mathematik – nur schwach ausgebildet.

Fehlendes Detailverständnis naturwissenschaftlicher Theorie und Praxis begünstigte immer schon die Auffassung, Naturwissenschaft sei bloß eine Metaphysik der Natur und könne niemals Ansprüche eines kritischen Materialismus in sich vereinen. Tatsächlich war auch Alfred Schmidt mit Arthur Schopenhauer einer Meinung, dass die »Leute …, welche vermeinen, Tiegel und Retorte seien die wahre und einzige Quelle aller Weisheit, … in ihrer Art ebenso verkehrt, wie es

29 Ibid., S. 136.

30 Von der naturwissenschaftlichen Ignoranz auf der Seite der Feinde allen Materialismus ganz zu schweigen.

31 Werner Haberditzl, *Sir Karls neue Kleider. Bemerkungen zu Poppers Entwurf einer Theorie der objektiven Erkenntnis*, in: Das Argument, 88, 16. Jahrgang 1974, S. 845-861, S. 854.

weiland ihre Antipoden, die Scholastiker«[32] sind. Schopenhauer sah sich einer auf naturwissenschaftlichen Methoden der Mechanik aufbauenden sozialen Wirklichkeit seiner Gegenwart ausgesetzt. Er bemängelt darin die zur Farce gewordene humanistische Bildung und bezieht einen Standpunkt der Kritik zum naturwissenschaftlichen Paradigma. Alfred Schmidt folgt dieser kritischen Haltung, indem er das Paradigma unter dem Bezichtigungsbegriff »Positivismus« abwertet.

Schopenhauers Diktum: »Die Welt ist meine Vorstellung«, wird zur begründeten Basis dieser Abwehr, weil gemäß seiner Lehre Naturwissenschaften ebenso wie Mathematik und alle anderen Wissenschaften der Welt als Vorstellung zuzurechnen seien.[33] Doch mit der für Schopenhauer ebenso notwendigen – allerdings bloß postulierten – Annahme, dass die Welt nicht nur meine Vorstellung sei, sondern überdies noch metaphysischer Wille, eröffnete sich für Alfred Schmidt eine materialistische Position jenseits der naturwissenschaftlichen Prämissen. Während allerdings Schopenhauer ausdrücklich versicherte, dass dieses Andere der metaphysische Wille sein müsse, legte sich Alfred Schmidt nicht fest in der Beantwortung der Frage, was die Welt außerdem, dass sie Vorstellung ist, noch sei. Aber dieses nicht Genannte möge der Träger des materialistischen Denkens sein, der sich aus Praxis bilde. »›Allerdings‹, fügen Marx und Engels hinzu, ›bleibt dabei die Priorität der äußeren Natur bestehen‹ – gesellschaftliche Arbeit ist stets auf ein Material verwiesen. Aber jene ›Prio-

32 Arthur Schopenhauer, *Die Welt als Wille und Vorstellung. Zweiter Band* – Kapitel 18.

33 Cf. Arthur Schopenhauer, *Die Welt als Wille und Vorstellung*. Zweiter Band – Kapitel 1: »Zur idealistischen Grundansicht«.

rität‹ bedeutet kein Absolutum, sondern ist, innerhalb der praktisch vermittelten Einheit von Gegenständlichkeit und Tätigkeit, jeweils anders zu bewerten.«[34]

Materialismus als Ideologie und als Ideologiekritik

Wer sich mit Materialismus befasst, der fühlt sich in der Pflicht, eine Rechtfertigung abzulegen. Dies zeigt nicht nur die verdienstvolle Studie von Annette Wittkau-Horgby. Nicht ohne die Rituale der Verbeugung vor der materialismusfeindlichen akademischen Hauptströmung versucht sie, mit ihrer Habilitationsschrift *Materialismus*[35] eine sachliche Betrachtung der Problemgeschichte des Materialismus abzuliefern. Ihr steht daher eine Art Glaubensbekenntnis voran: »Ich halte den im 19. Jahrhundert explizit oder implizit formulierten Anspruch der Materialisten, daß die materialistische Weltdeutung die logisch notwendige Konsequenz aus den naturwissenschaftlichen Erkenntnissen sei, für unhaltbar und erkenntnistheoretisch unbegründet.«[36] Insoweit uns Wittkau-Horgby es schuldig bleibt, von einem Materialismus zu sprechen, den sie nicht für unbegründet hält, bleibt auch sie der Hauptströmung akademischen Denkens treu, nach der sich materialistische Positionen deutlich abzugren-

34 Alfred Schmidt, *Friedrich Albert Lange als Historiker und Kritiker des vormarxschen Materialismus*, Einleitung zu: Friedrich Albert Lange, *Geschichte des Materialismus*, hrsg. Von Alfred Schmidt, 2 Bde., Suhrkamp, Frankfurt am Main 1974, S. XII.

35 Annette Wittkau-Horgby, *Materialismus – Entstehung und Wirkungen in den Wissenschaften des 19. Jahrhunderts*, Göttingen 1998.

36 Ibid., S. 22.

zen haben von der vermeintlich geisteswissenschaftlich plausibleren Denkhaltung.

Zu Recht hat man der Autorin vorgeworfen, dass Ludwig Feuerbach und die entscheidenden Spielarten des Sensualismus aus ihrer Definition des Materialismus herausgehalten werden. Solange sie dabei bleiben möchte, dass Materialismus stets metaphysisch sei, weil er »über den Bereich der sinnlichen Erfahrung hinaus«[37] gehe, wird sie zur Komplizin der Ideologie des Geistes. Denn indem sie sich dem naturwissenschaftlichen Materialismus widmet und die Strukturen des historischen Materialismus ausblendet, verschenkt sie die Einsichten in die Bedeutung der von Marx und Engels bereits ausgearbeiteten Eigendynamik sozialer Strukturen. Marx und Engels treten bei ihr nur als »erbitterte Gegner des sich gleichzeitig ausbreitenden naturwissenschaftlichen Materialismus« auf. »Engels stimmt Feuerbach zu«, hält Wittkau-Horgby mit den Worten Ernst Blochs fest, »›daß der bloß naturwissenschaftliche Materialismus zwar die Grundlage des Gebäudes des menschlichen Wissens ist, aber nicht das Gebäude selbst.‹ Denn wir leben nicht nur in der Natur, sondern auch in der menschlichen Gesellschaft, und auch diese hat ihre Entwicklungsgeschichte und ihre Wissenschaft nicht minder als die Natur. Es handelt sich also darum, die Wissenschaft von der menschlichen Gesellschaft [...] mit der materialistischen Grundlage in Einklang zu bringen und auf ihr zu rekonstruieren.«[38]

Selbst Popper sprach sich anerkennend über Marxens Entdeckung der Eigendynamik des Sozialen aus. Er führt Marxens Leistung auf das berühmte Epigramm der *Kritik*

---

37 Ibid., S. 13.

38 Ibid., S. 226.

zur politischen Ökonomie zurück: »Es ist nicht das Bewußtsein der Menschen, das ihr Sein, sondern umgekehrt ihr gesellschaftliches Sein, das ihr Bewußtsein bestimmt.«[39] Denn während Popper Marx nicht anders als Hegel zur den »falschen Propheten« rechnet, anerkennt er die außerordentliche Bedeutung dieser materialistischen These.

»Die Menschen«, interpretiert Popper diese offene Grundhaltung Marxens, »das heißt das menschliche Bewußtsein, die Bedürfnisse, Hoffnungen, Ängste, Erwartungen, die Beweggründe und das Streben und Trachten menschlicher Individuen – sind, wenn überhaupt, eher die Geschöpfe des Lebens in der Gesellschaft als seine Schöpfer.« Leider versäumen es neuere Studien zum Materialismus immer wieder, auf den entscheidenden Unterschied zwischen »Materialismus« und »naturwissenschaftlichen Materialismus« als einer Metaphysik der Materie hinzuweisen, obgleich dieser bei Marx bereits ausgeführt war.

»Es muß zugegeben werden«, hält sogar Popper im Sinne eines Materialismus der Praxis fest, »daß die Struktur unserer sozialen Umwelt in einem gewissen Sinn von Menschen geschaffen ist; daß ihre Institutionen und Traditionen weder das Werk Gottes sind noch das Werk der Natur, sondern das Ergebnis menschlicher Handlungen und Entscheidungen, und daß sie durch menschliche Handlungen und Entscheidungen geändert werden können. Aber das bedeutet nicht, daß sie alle bewußt geplant wurden und daß sie auf Grund von Bedürfnissen, Hoffnungen und Beweggründen erklärt werden können. Im Gegenteil: Sogar jene Institutionen und

---

39 Karl Marx, Friedrich Engels, *Werke*, (Karl) Dietz Verlag, Berlin. Band 13, 7. Auflage 1971, unveränderter Nachdruck der 1. Auflage 1961, Berlin/DDR. S. 7-11. Cf. Popper, S. 105.

Traditionen, die als das Ergebnis bewußter und absichtlicher menschlicher Handlungen entstehen, sind in der Regel das *indirekte, unbeabsichtigte und oft unerwünschte Nebenprodukt solcher Handlungen ...«*[40]

Popper schätzt an Marx, dass er – im Unterschied zu James Stuart Mill – »soziale Phänomene historisch« zu erklären forderte, und »daß wir versuchen müssen, jeden historischen Zeitraum als ein historisches Produkt vorhergehender Entwicklungen zu verstehen. Der Punkt, an dem er sich von Mill trennt, ist, ... der Psychologismus Mills (der dem Idealismus Hegels entspricht).« Skeptisch fügt Popper hinzu: »Dieser wird in den Lehren Marxens durch das ersetzt, was er Materialismus nennt.«

Es bedurfte nicht erst der Studie Wittkau-Horgbys, um die Unhaltbarkeit des naturwissenschaftlich-metaphysischen Materialismus als einer notwendig sich ergebenden logischen Weltdeutung zu klären. »Viel Unhaltbares ist über den *Materialismus* Marxens gesagt worden«, hatte Popper schon eindeutig gekennzeichnet. »Die oft wiederholte Behauptung, Marx erkenne nur die ›niederen‹ oder ›materiellen‹ Aspekte des menschlichen Lebens an, ist eine besonders lächerliche Verdrehung«, hält Popper den Feinden der offenen Gesellschaft entgegen.

Wir stimmen mit Popper, aber in gleicher Weise auch mit Alfred Schmidt, der Popper leider nicht rezipierte, überein, dass in diesem Sinn »Marx überhaupt nicht ein Materialist genannt werden«[41] kann.

---

40 Karl R. Popper, *Die offene Gesellschaft und ihre Feinde*, Band II: Falsche Propheten, Mohr Siebeck, Tübingen 2003, S. 110.

41 Ibid., S. 120.

Interessant ist der Erwartungshorizont, in dem Karl Popper und der Terminus *Positivismus* dazu dienen, einen Begriff des Materialismus von philosophischen Zeitströmungen abzugrenzen. Wir erleben den Positivismus ebenso wie den Materialismus im Verlauf der neueren Philosophiegeschichte vorwiegend als einen pejorativen Begriff, während er ursprünglich eine fortschrittliche Philosophie bezeichnen sollte. Das Verhältnis zum Positivismus ist bei Alfred Schmidt der Auffassung seiner akademischen Lehrer Max Horkheimer und Theodor W. Adorno geschuldet. Er hat sich in der Verwendung dieses Terminus nicht entfernt von ihnen. So gilt ihm die positivistische Denkhaltung als eine Charakteristik, die das Beobachtbare als den Maßstab des Seienden begreift.[42] Maßgeblich in diesen Auffassungen bleibt der in der

---

42 Beispielsweise folgt Schmidt auch der in einem Gespräch Horkheimers mit Gerhard Rein 1972/76 (*Das Schlimme erwarten und doch das Gute versuchen*) geäußerten Einschätzung. Freuds theoretisches Werk stehe, so Schmidt, »philosophischer Erkenntnis näher als den tatsachengläubigen Positivismen seiner Zeit. Wenn Freud, worauf Horkheimer hinweist, Schopenhauer als seinen ›wichtigsten ... Vorgänger‹ bezeichnet, so deshalb, weil auch bei ihm ›das innerste wahre Wesen des Menschen ... ein Unbewußtes ist‹. Dieses, fährt Horkheimer fort, bildet zugleich den Weltkern: die ›große Realität‹ des Willens, ›den der Mensch im Allgemeinen ... nicht zu beschreiben wüßte. Aber beide sind insofern identisch, als man die Philosophie Schopenhauers ... auch psychologisch deuten kann, und umgekehrt, wie man den Begriff des Unbewußten bei Freud auch im Sinne der Philosophie deuten kann; denn die Angabe, daß etwas existiert, das man ... nicht wahrnehmen kann, ist etwas der bloß positivistischen Auffassung von Erkenntnis Entgegengesetztes.‹« (Alfred Schmidt, *Von der Metaphysik des Willens zur Metapsychologie. Schopenhauer und Freud*, in: *Tugend und Weltlauf*, S. 356.)

ersten Hälftc des 19. Jahrhunderts entstandene Begriff des Positivismus als einer Abkehr vom transzendentalphilosophischen Idealismus. Vor allem Friedrich Schellings unmittelbar nach der Jahrhundertwende entstandene *Positive Philosophie* sowie Auguste Comtes *Discours sur l'esprit positif* von 1844 bildeten den Hintergrund für die unzureichenden Implikationen dieses Begriffs. Während mit Schelling die Hinwendung zur klassischen Metaphysik mit positiver Philosophie verbunden wurde, fasste Comte den Positivismus als eine dezidiert antimetaphysische Denkhaltung. Beide Positionen stehen jedoch in der Tradition berechtigter Kantkritik. Wobei Schellings Positivismus die transzendentalphilosophische Epoche der Philosophie dadurch zu beenden versuchte, dass er den später bei Kierkegaard religionsphilosophisch ausdrücklich gewordenen Schritt von der Denknotwendigkeit zum Sein vorbereitete. Für die katholische Restauration im Vormärz war es entscheidend, dass Gott nicht wie bei Kant als ein bloßes Postulat der reinen Vernunft verstanden werde, sondern als existierendes Sein. Dementgegen setzte Comte in metaphysikkritischer Absicht die positive Philosophie als Ausdruck der Forderung, dass nur empirische Methoden als wissenschaftlich anzuerkennen seien. Theologie und Metaphysik, die Hauptkriterien der Spätphilosophie Schellings, betrachtete Comte als Theorien minderer Leistungsfähigkeit gegenüber den Erfahrungswissenschaften. Comtes Positivismus sollte zudem alle gesellschaftlichen Verhältnisse umfassen, zu deren Ausgestaltung er die Soziologie als eine Art *sozialer Physik* oder *Soziologie* zu verstehen fordert.

Als die Leitlinien der positiven Philosophie gelten seither strenge Objektivität, sinnliche Gewißheit, kontrollierbare Beobachtungen, Naturbeherrschung durch exaktes Wissen,

Vorläufigkeit und Unabgeschlossenheit allen Wissens. Und während Schelling vor allem die Religion als ein positives Faktum begründen wollte, richtete sich Comtes Erwartung auf eine lebenspraktisch sinnvolle positive Religion, in der es keinen positiven Gott zu geben brauchte.

Positivismus lehnte Alfred Schmidt ab als die »denkfeindliche Abkehr von theoretischer Arbeit«[43]. Sichtbar wird dies in seiner Verteidigung des Projekts einer »positiven Philosophie«, das Ludwig Feuerbach in seinen *Vorläufigen Thesen zur Reform der Philosophie* als die »Negation aller Schulphilosophie«[44] vor Augen hatte, und das gerade deswegen mit denkfeindlichem Positivismus nicht vereinbar sei.

Wenngleich es offensichtlich ist, dass Popper sich nicht in eine der abgewehrten Linien positiver Philosophie einordnen lässt, so könnte der Verdacht auftreten, er teile mit dem so genannten *Logischen Positivismus* wichtige Prämissen. Die von Vertretern dieser Auffassung im *Wiener Kreis* um die Jahrhundertwende zum 20. Jahrhundert angenommene Erwartung, Logik und Mathematik könnten die Wahrheit naturwissenschaftlicher Erkenntnisse begründen, teilt Popper jedoch ebenfalls nicht. Diese Annahmen sind mit seiner Ablehnung der Prinzipien *a priori* ebenso wenig wie mit seiner Zurückweisung eines *Induktionsprinzips* vereinbar.

Die ausgebliebene gründliche Auseinandersetzung mit dem Kritischen Rationalismus Poppers dürfte daher der Haupt-

43 Alfred Schmidt, *Für eine neue Lektüre Feuerbachs*, Einleitung zu: Ludwig Feuerbach, *Anthropologischer Materialismus. Ausgewählte Schriften I*, Ullstein, Frankfurt am Main 1985 (Originalausgabe 1967, S. 21)

44 Ibid., S. 18.

grund für eine oberflächliche Verwendung des Begriffs *Positivismus* und seine Anwendung auf den Kritischen Rationalismus gewesen sein. Doch gerade an Popper erweist sich die Schwäche dieses Bezichtigungsbegriffs. Nicht allein, dass Popper selbst in klaren Gedanken den Positivismus abgelehnt hatte, auch die Unvereinbarkeit mit den Momenten des Popper'schen philosophischen Konzepts der drei Welten offenbart die Unredlichkeit in der Anwendung des Terminus' auf seine Lehre. »Da gibt es zunächst«, fasst Popper die Theorie der drei Welten in seinem in anderer Hinsicht problematischen Buch *Das Ich und sein Gehirn* zusammen, »die physische Welt – das Universum physischer Gegenstände …; ich möchte sie ›Welt 1‹ nennen. Zweitens gibt es die Welt psychischer Zustände, einschließlich der Bewußtseinszustände, der psychischen Dispositionen und unbewußten Zustände; diese will ich ›Welt 2‹ nennen. Doch es gibt noch eine dritte Welt, die Welt der Inhalte des Denkens und der Erzeugnisse des menschlichen Geistes; diese will ich ›Welt 3‹ nennen … Mit Welt 3 meine ich die Welt der Erzeugnisse des menschlichen Geistes, wie Erzählungen, erklärende Mythen, Werkzeuge, wissenschaftliche Theorien (wahre wie falsche), wissenschaftliche Probleme, soziale Einrichtungen und Kunstwerke. Die Gegenstände der Welt 3 sind von uns selbst geschaffen, obwohl sie nicht immer Ergebnisse planvollen Schaffens einzelner Menschen sind.«[45] Nur auf das, was Popper die Welt 1 nennt, trifft es zu, dass es sich ausschließlich um beobachtbare Gegenstände handelt. Und spätestens mit dieser Theorie Poppers hätte der Vorwurf des Positivismus ein Ende finden müssen. Aber Popper wurde

45 Karl R. Popper, John C. Eccles, *Das Ich und sein Gehirn*, Piper-Verlag, München 1982, S. 63 f.

nicht ernsthaft rezipiert von den Vertretern der Kritischen Theorie, zu denen zuletzt auch Alfred Schmidt zu zählen ist.

Eine fruchtbare Auseinandersetzung mit dem Kritischen Rationalismus wurde von Anfang an auch verhindert durch den so genannten Positivismusstreit in der deutschen Sozialwissenschaft, der sich aufbaute aus einer Diskussion zwischen Karl Popper und Theodor W. Adorno 1961 in Tübingen auf der »Tagung der deutschen Gesellschaft für Soziologie«, wo es um die sachliche Frage der Rolle naturwissenschaftlicher Methoden in den Sozialwissenschaften ging. Genauere Betrachtungen der Auseinandersetzung zeigen, dass vor allem der Ehrgeiz junger Nachwuchswissenschaftler wie Jürgen Habermas und Hans Albert das Thema kontrovers zu besetzen versuchten. Resultat der Auseinandersetzung war eine ungerechtfertigte und unüberbrückbare Distanz zwischen Poppers Kritischem Rationalismus und der Frankfurter Kritischen Theorie.[46]

Zwischenmenschliche Ressentiments und akademischer Anpassungsdruck haben den Blick auf die genauere Bestimmung des Verhältnisses zwischen kritischem Rationalismus und kritischem Materialismus verdunkelt. Es bleibt zunächst künftigen Studien überlassen, hier größere Klarheit zu schaffen.

Festzuhalten ist aber die politische Kraft eines historischen Materialismus, die in der problemgeschichtlichen Erörterung naturwissenschaftlicher Materialismen nicht berührt wird. Die materialistische Betrachtung Marxens zielt

46 Cf. Hans-Joachim Dahms, *Positivismusstreit. Die Auseinandersetzungen der Frankfurter Schule mit dem logischen Positivismus, dem amerikanischen Pragmatismus und dem kritischen Rationalismus*, Suhrkamp, Frankfurt a. M. 1994.

auf weltverändernde Praxis, die wir heute freilich nicht mehr als eine revolutionäre Praxis verstehen dürfen. Am ehesten plausibel, auch vor dem Hintergrund heutiger Erwartungen für die Zukunft, erscheint dabei wieder Poppers Deutung der Metapher des »Stoffwechsels« für den ökonomischen Austausch zwischen Mensch und Natur, wie er in den Spätschriften Marxens auftritt. »Er sagt unmißverständlich, daß unsere Freiheit immer durch die Notwendigkeiten dieses ›Stoffwechsels‹ begrenzt sein müsse. Wir können größere Freiheit nur dadurch erreichen, daß wir, wie er sagt, »diesen ... Stoffwechsel mit der Natur rationell ... regeln ... mit dem geringsten Kraftaufwand und unter den, ihrer menschlichen Natur würdigsten und adäquatesten Bedingungen ... Aber es bleibt dies immer ein Reich der Notwendigkeit. Jenseits desselben beginnt die menschliche Kraftentwicklung, die sich als Selbstzweck gibt, das wahre Reich der Freiheit, das aber nur auf jenem Reich der Notwendigkeit als seiner Basis aufblühen kann.« »Und Marx beendet die Stelle, indem er einen praktischen Schluß zieht, der klar zeigt, daß sein einziges Ziel darin bestand, allen Menschen in gleicher Weise den Weg in jenes nichtmaterialistische Reich der Freiheit zu eröffnen: ›Die Verkürzung des Arbeitstages ist die Grundbedingung.‹«[47] Heute sind es moralphilosophische Disziplinen fernab eines philosophischen Materialismus, die sich dieser Aufgabe verschrieben haben. Ihnen liegt zumeist die *Metaphysik der Sitten* zugrunde.

Damit ist der Erforschung des Materialismus, der sich nicht auf eine metaphysische Betrachtung der Materie re-

47 Karl R. Popper, *Die offene Gesellschaft und ihre Feinde*. Band II. *Falsche Propheten*, übersetzt von Paul Feyerabend, Francke Verlag, München 1980, S. 197.

duzieren lässt, die Aufgabe gestellt, an der Stelle fortzufahren, wo im idealistischen Überbau aus der Eigendynamik des Sozialen wieder eine *a priori* konstruierte *Metaphysik der Sitten* errichtet wird, die dem Materialismus einmal mehr seine alte, längst überwundene Rolle des moralisch Verwerflichen zuweist, um ungestört traditioneller Philosophie folgen zu können. Deren einziges Ziel aber scheint es zu sein, der Metapher vom Guten als dem Reinen, dem Geistigen, dem Lebendigen, dem kategorisch Unbedingten und dem Materialismus als dem am Boden liegenden Toten, als der moralischen Verwerflichkeit gerecht werden zu dürfen.

Alfred Schmidts unvollendete Studie zur *Geschichte des Materialismus* endet mit den Konzepten der französischen Sensualisten im Zeitalter des Vorabends der Französischen Revolution. Der schwierigen Aufgabe, Positivismus, Frühsozialismus, Marxismus, Neukantianismus und schließlich das Projekt der frühen *Zeitschrift für Sozialforschung* bis hin zur Nachkriegsphilosophie auf den Materialismus anzuwenden, sah er sich nicht mehr gewachsen.

Die Herausgeber stellen dennoch das unvollendete Projekt als Anreiz für einen *Kritisch-humanistischen Materialismus* der interessierten Öffentlichkeit aus Schmidts Nachlass zur Verfügung. Sie reagieren damit auch auf zahlreiche Anfragen aus dem Kreis der Hörer seiner Vorlesungen über die Geschichte der Philosophie an der Frankfurter Universität, die er bis zum Sommer seines Todes im Jahr 2012 ununterbrochen fortsetzte.

Klaus-Jürgen Grün / Oliver Hein
Frankfurt am Main im Januar 2017

Literatur zur Einleitung und zu den Anmerkungen der Herausgeber

Anonymus, *Traktat über die drei Betrüger Traité des trois imposteurs (L'esprit de Mr. Benoit de Spinosa)*, kritisch herausgegeben, übersetzt, kommentiert und mit einer Einleitung versehen von Winfried Schröder, Französisch-Deutsch, Felix Meiner Verlag, Hamburg 1992.

Bunge, Mario/Martin Mahner, *Philosophische Grundlagen der Biologie*, Springer, Berlin 2000.

Dahms, Hans-Joachim, *Positivismusstreit. Die Auseinandersetzungen der Frankfurter Schule mit dem logischen Positivismus, dem amerikanischen Pragmatismus und dem kritischen Rationalismus*, Suhrkamp, Frankfurt a. M. 1994.

Damasio, Antonio, *Selbst ist der Mensch. Körper, Geist und die Entstehung des menschlichen Bewusstseins*, aus dem amerikanischen Englisch von Sebastian Vogel, Siedler, München 2011.

Deutscher Bundestag Drucksache 16/7821, 16. Wahlperiode 22.01.2008, Bericht des Ausschusses für Bildung, Forschung und Technikfolgenabschätzung (18. Ausschuss) gemäß § 56a der Geschäftsordnung.

Edelman, Gerald M., Giulio Tononi, *Gehirn und Geist. Wie aus Materie Bewusstsein entsteht*, C.H. Beck, München 2002.

Engel, Andreas K., *Vom Käfer in der Schachtel, den noch keiner gesehen hat*, in: FAZ 07. Januar 2015, S. N2.

Engels, Friedrich, *Dialektik der Natur*, in: Marx/Engels, Werke, Band 20, Dietz-Verlag, Berlin 1968.

Flasch, Kurt, *Aufklärung im Mittelalter? Die Verurteilung von 1277, Das Dokument des Bischofs von Paris*, übersetzt und erklärt von Kurt Flasch, Dieterich'sche Verlagsbuchhandlung, Mainz 1989.

Galilei, Galileo, *Il Saggiatore* (1623), Edition Nazionale, Bd. 6, Florenz 1896.

Grün, Klaus-Jürgen, *Arthur Schopenhauer*, in der von Otfried Höffe herausgegebenen Beck'schen Reihe große Denker, München 2000.

Ders., Matthias Jung (Hrsg.), *Idee, Natur und Geschichte. Alfred Schmidt zum sechzigsten Geburtstag*, Hildesheim/Zürich/New York 1991.

Ders., *Das Erwachen der Materie – Studie über die spinozistischen Gehalte der Naturphilosophie Schellings*, Hildesheim/Zürich/New York 1993.

Ders., Matthias Jung, Matthias Lutz-Bachmann, Gunzelin Schmid Noerr (Hrsg.), *Negativität des Weltlaufs – Zum Verhältnis von Ethik und Geschichtsphilosophie*, Olms Verlag Hildesheim/New York/London 1999.

Ders., Gerhard Roth (Hrsg.), *Das Gehirn und seine Freiheit. Beiträge zur neurobiologischen Grundlegung der Philosophie*, Vandenhoeck & Ruprecht, Göttingen 2006. (2. Auflage 2007, 3. Auflage 2009).

Ders., Michel Friedman, Gerhard Roth, (Hrsg.), *Entmoralisierung des Rechts – Maßstäbe der Hirnforschung für das Strafrecht*, Vandenhoeck & Ruprecht, Göttingen 2008.

Ders., *Angst – Vom Nutzen eines gefürchteten Gefühls*, Aufbau-Verlag Berlin 2009.

Ders., Michel Friedman, Gerhard Roth (Hrsg.), *Kopf oder Bauch – Zur Biologie der Entscheidung*, Verlag Vandenhoeck & Ruprecht, Göttingen 2010.

Haberditzl, Werner, *Sir Karls neue Kleider. Bemerkungen zu Poppers Entwurf einer Theorie der objektiven Erkenntnis*, in: Das Argument, 88, 16. Jahrgang 1974, S. 845-861.

Habermas, Jürgen, *Die Freiheit, die wir meinen. Wie die Philosophie auf die Herausforderungen der Hirnforschung antworten kann*, in: Der Tagesspiegel, 14.11.2014. http://www.tagesspiegel.de/kultur/die-freiheit-die-wir-meinen/562620.html.

Haeckel, Ernst, *Die Welträtsel* (1899), Kröner, Berlin 1960.

Kant, Immanuel, *Kritik der reinen Vernunft*, AA III, § 16. »Von der ursprünglich-synthetischen Einheit der Apperception.«

Lenin, Wladimir Iljitsch, *Materialismus und Empiriokritizismus. Kritische Bemerkungen über eine reaktionäre Philosophie*, Dietz Verlag, Berlin 1971.

Lutz-Bachmann, Matthias, Gunzelin Schmid Noerr (Hrsg.), *Kritischer Materialismus, Zur Diskussion eines Materialismus der Praxis. Für Alfred Schmidt zum 60. Geburtstag*, Hanser, München 1991.

Marx, Karl, Friedrich Engels – Werke, (Karl) Dietz Verlag, Berlin. Band 13, 7. Auflage 1971, unveränderter Nachdruck der 1. Auflage 1961, Berlin/DDR.

Merkel, Reinhard, *Verbrauchende Embryonenforschung? Grundlagen einer Ethik der Präimplantationsdiagnostik und der Forschung an embryonalen Stammzellen*, in: Reinold Schmücker/Ulrich Steinvorth (Hrsg.), *Gerechtigkeit und Politik*, von Akademie Verlag GmbH, Berlin 2002.

Popper, Karl R., *Die offene Gesellschaft und ihre Feinde*, Band II: Falsche Propheten, Mohr Siebeck, Tübingen 2003.

Ders., *Die offene Gesellschaft und ihre Feinde*. Band II. *Falsche Propheten*, übersetzt von Paul Feyerabend, Francke Verlag, München 1980.

Ders., John C. Eccles, *Das Ich und sein Gehirn*, Pieper-Verlag, München 1982.

Redondi, Pietro, *Galilei – der Ketzer*, dtv, München 1989, übersetzt von Ulrich Hausmann.

Roth, Gerhard, *Worüber dürfen Hirnforscher reden – und in welcher Weise?*, in: Deutsche Zeitschrift für Philosophie, 52/2004, Heft 2, S. 223-234.

Schmidt, Alfred, *Herbert Marcuses politische Dechiffrierung der Psychoanalyse*, einleitende Studie zu: Herbert Marcuse, *Nachgelassene Schriften*, Band 3: *Philosophie und Psychoanalyse*, Lüneburg 2002.

Ders., *Geschichte und Struktur. Fragen einer marxistischen Historik*, Hanser München 1971.

Ders., *Zur Idee der Kritischen Theorie. Elemente der Philosophie Max Horkheimers*, Hanser, München 1974.

Ders., Werner Post, *Was ist Materialismus?*, München 1975.

Ders., *Friedrich Albert Lange als Historiker und Kritiker des vormarxschen Materialismus*, in: Alfred Schmidt (Hrsg.) Friedrich Albert Lange, *Geschichte des Materialismus*, 2 Bde., Suhrkamp, Frankfurt am Main 1974.

Ders., *Die Kritische Theorie als Geschichtsphilosophie,* Hanser, München 1976.

Ders., *Drei Studien über Materialismus. Schopenhauer. Horkheimer. Glücksproblem,* Hanser, München 1977.

Ders., Bernard Görlich, Alfred Lorenzer (Hrsg.), *Der Stachel Freud. Beiträge zur Kulturismus-Kritik*, Suhrkamp, Frankfurt am Main 1980.

Ders., *Kritische Theorie / Humanismus / Aufklärung. Philosophische Aufsätze*, reclam, Stuttgart 1981.

Ders., *Die Materialität der Seele. Jean-Pierre Changeux: »Der neuronale Mensch«*, in: F.A.Z., 11.12.1984, Literaturbeilage, Seite L9.

Ders., *Goethes herrlich leuchtende Natur. Philosophische Studien zur deutschen Spätaufklärung*, Hanser, München 1984.

Ders., *Emanzipatorische Sinnlichkeit. Ludwig Feuerbachs anthropologischer Materialismus*, Ullstein, Frankfurt am Main 1985 (Originalausgabe 1967), auch Frankfurt am Main [3]1985.

Ders., *Für eine neue Lektüre Feuerbachs*, in: Alfred Schmidt (Hrsg.), *Ludwig Feuerbach, Anthropologischer Materialismus. Ausgewählte Schriften I*, Ullstein, Frankfurt am Main 1985 (Originalausgabe 1967).

Ders., *Die Wahrheit im Gewande der Lüge. Schopenhauers Religionsphilosophie*, Hanser, München/Zürich 1986.

Ders., *Aufklärung und Mythos im Werk von Max Horkheimer,* in: Alfred Schmidt/Norbert Altwicker, *Max Horkheimer heute. Werk und Wirkung*, Frankfurt am Main 1986.

Ders., *Wie frei ist der Mensch – Ein philosophisches Streitgespräch*, mit Alfred Schmidt und Jörg Splett, in der Hochschule St. Georgen bei Frankfurt. (Private Tonband-Aufzeichnung vom 22. Oktober 1986; aus dem Nachlass von Ingeborg Strauß).

Ders., *Giordano Bruno als Wegbereiter eines spekulativen Materialismus*, in: *Giordano Bruno, Über die Ursache, das Prinzip und das Eine*, aus dem Italienischen von Philipp Rippel, reclam, Stuttgart 1986.

Ders., Norbert Altwicker (Hrsg.): *Max Horkheimer heute: Werk und Wirkung*, Frankfurt am Main 1986.

Ders., *Idee und Weltwille, Schopenhauer als Kritiker Hegels*, Hanser, München 1988.

Ders., *Schicksale des bürgerlichen Bewußtseins*, Festrede anlässlich der Verleihung des Theodor-W.-Adorno-Preises 1989 der Stadt Frankfurt am Main an Leo Löwenthal, Frankfurt am Main 1989.

Ders., *Heidegger und die Frankfurter Schule – Herbert Marcuses Heidegger-Marxismus*, in: Peter Kemper, *Martin Heidegger – Faszination und Erschrecken*, Frankfurt am Main/New York 1990.

Ders., *Artikel »Materialismus«*, in: Theologische Realenzyklopädie, Band XXII, Verlag Walter de Gruyter, Band 22, Berlin 1992, *Materialismus*, S. 262-268.

Ders., Heinz Thoma (Hrsg.), *Der unvollendete Bau – Beiträge zur Freimaurerei, Loge Zur Einigkeit*, Eigenverlag, Frankfurt am Main 1992.

Ders., *Herbert Marcuse – Versuch einer Vergegenwärtigung seiner sozialphilosophischen und politischen Ideen*, in: *Kritik und Utopie im Werk von Herbert Marcuse*. Institut für Sozialforschung (Hrsg.), Frankfurt am Main 1992.

Ders., *Der Begriff der Natur in der Lehre von Marx*, Frankfurt am Main 1962, überarbeitet, ergänzte und mit einem Postscriptum versehene Neuausgabe, Frankfurt am Main 1971 sowie Europäische Verlangsanstalt Hamburg 1993.

Ders., *Das Erbe des englischen Deismus*, in: Matthias Lutz-Bachmann (Hrsg.), *Und dennoch ist von Gott zu reden*, (Festschrift für Herbert Vorgrimmler), Freiburg 1994.

Ders., *Die Leiblichkeit des Menschen als Bindeglied zwischen Medizin und Philosophie*, in: Michael Th. Greven, Peter Kühler, Manfred Schmitz (Hrsg.), *Politikwissenschaft als Kritische Theorie. Festschrift für Kurt Lenk*, Nomos Verlagsgesellschaft, Baden-Baden 1994, S. 133-149.

Ders., *Skeptische Motive in Diderots Materialismus*, in: Carola Hilmes, Dietrich Mathy, H. J. Piechotta (Hrsg.), *Skepsis oder das Spiel mit dem Zweifel*, (Festschrift für Ralph-Rainer Wuthenow). Herausgeber: Würzburg 1994.

Ders., *Ethik und materialistische Geschichtsphilosophie – Komplement oder Korrektiv?*, in: Helmut Holzhey (Hrsg.), *Ethischer Sozialismus*, Frankfurt am Main 1994.

Ders., *Walter Benjamin und die Frankfurter Schule*, in: René Buchholz / Joseph A. Kruse (Hrsg.), *Magnetisches Hinzugezogensein oder schaudernde Abwehr*, Stuttgart/Weimar 1994.

Ders., *Wir wollen hier nicht so drauflos philosophieren, Theodor W. Adorno*, in: Hans Sarkowicz (Hrsg.), *Große Frankfurter*, Frankfurt am Main/ Leipzig 1994.

Ders., *Mythos und Aufklärung im Gesamtkunstwerk Richard Wagners*, in: *Rund um den Ring. Ein Frankfurter Vortragszyklus zu Richard Wagners Ring der Nibelungen*, Patronatsverein für die Theater der Stadt Frankfurt am Main (Hrsg.), Frankfurt 1995.

Ders., *Zum Bild des Guten Wilden im philosophischen, literarischen und humanwissenschaftlichen Diskurs der Moderne*, in: Manfred Faßler, Johanna Will, Marita Zimmerman (Hrsg.), *Parabel, Gegen die Restauration der Geopolitik*, Gießen 1996.

Ders., *Kants Geschichtsphilosophie und der neukantianische Sozialismus*, in: Matthias Lutz-Bachmann, James Bohmann, *Kants Friedensidee und das Problem einer neuen Weltordnung*, Frankfurt am Main 1996.

Ders., *Schopenhauer als Aufklärer*, in: Dieter Birnbacher (Hrsg.), *Schopenhauer in der Philosophie der Gegenwart*, Würzburg 1996.

Ders., *Paradoxie als Wahrheit im Denken Schopenhauers,* in: *Tugend und Weltlauf,* 1999, S. 311-318.

Ders., Klaus-Jürgen Grün (Hrsg.), *Durchgeistete Natur. Ihre Präsenz in Goethes Dichtung, Wissenschaft und Philosophie*, Peter Lang, Frankfurt am Main 2000.

Ders., *Religion als Trug und als metaphysisches Bedürfnis. Schopenhauers Religionsphilosophie,* in: Alfred Schmidt, *Tugend und Weltlauf – Vorträge und Aufsätze über die Philosophie Schopenhauers (1960-2003)*, Peter Lang, Frankfurt am Main 2004.

Ders., *Tugend und Weltlauf – Vorträge und Aufsätze über die Philosophie Schopenhauers (1960-2003)*, Peter Lang, Frankfurt am Main 2004.

Schopenhauer, Arthur, *Die Welt als Wille und Vorstellung*, Züricher Ausgabe, detebe, Zürich 1977.

Solms, Mark, Oliver Turnbull, *Das Gehirn und die innere Welt. Neurowissenschaft und Psychoanalyse*, aus dem Englischen übertragen von Elisabeth Vorspohl, Walter, Mannheim 2011.

Spaemann, Robert, *»Seele«*, in: Peter Nickl, Georgios Terizakis (Hrsg.), *Die Seele: Metapher oder Wirklichkeit? Philosophische Ergründungen. Texte zum ersten Festival der Philosophie in Hannover 2008*, transcript Verlag, Bielefeld 2016.

Whitehead, Alfred North, *Prozeß und Realität (Process and Reality),* Teil II.

Wittkau-Horgby, Annette, *Materialismus – Entstehung und Wirkungen in den Wissenschaften des 19. Jahrhunderts*, Göttingen 1998.

Wolff, Christian, *Vernünftige Gedancken von der Menschen Thun und Lassen,* 1752.

Zoglauer, Thomas, *Geist und Gehirn. Das Leib-Seele-Problem in der aktuellen Diskussion*, Vandenhoeck und Ruprecht, Göttingen 1998.

Alfred Schmidt

Geschichte des Materialismus

Begriff

Wortgebrauch

Als einer der frühesten Versuche, die Welt einheitlich aufzufassen und sich über den Sinnenschein zu erheben, ist der Materialismus nach Friedrich Albert Lange, seinem noch immer bedeutendsten Historiker, »so alt als die Philosophie, aber nicht älter«[48]. Der Terminus »Materialist« freilich läßt sich erst in der zweiten Hälfte des 17. Jahrhunderts in England nachweisen. Giordano Bruno spricht noch von »Epikureern«, die er – im Einklang mit wesentlich späteren Definitionen – als Philosophen kennzeichnet, die behaupten, »daß nichts sei außer körperlich Seiendem«[49]. Der Platoniker Henry More verwendet in seinen *Divine Dialogues* (1668; lat. 1679) die Termini »materialist« bzw. »materialista«[50]. Der Ausdruck »materialist« findet sich ferner in der Schrift *Of the Excellency and Grounds of the Corpuscular or*

---

48 Friedrich Albert Lange, *Geschichte des Materialismus und Kritik seiner Bedeutung in der Gegenwart* (1866, ²1873-75), 2 Bde., hrsg. v. Alfred Schmidt, Suhrkamp, Frankfurt 1974, S. 7.

49 Giordano Bruno, *Von der Ursache, dem Prinzip und dem Einen*, reclam, Stuttgart 1986, S. 81.

50 Henry More, *Opera Omnia* (1679), Olms, Hildesheim 1966, Band 2,1, S. 638 ff.

Mechanical Philosophy (1674) des bahnbrechenden Chemikers Robert Boyle[51]. Im Briefwechsel zwischen Samuel Clarke und Gottfried Wilhelm Leibniz (London 1717; Jena 1720) taucht »Materialismus« erstmals in der deutschen Diskussion auf. Clarkes Kritik, »der ungegründeten Weltweisheit derer Materialisten« liefen »die mathematischen Grundsätze der Philosophie« zuwider und der »Begriff derjenigen, welche behaupten, daß die Welt eine große Maschine sei, die sich ... ohne besondere Konkurrenz Gottes in ihrer Bewegung erhalten kann«, führe »den Materialismus und das blinde Verhängnis ein«, stimmt Leibniz zu. Er glaubt jedoch im Gegensatz zu Clarke nicht, dass man den materialistischen Lehrsätzen, die neben »lasterhaften Gemütsneigungen« der Menschen auch ihre »Gottlosigkeit« förderten, mit mathematischen Prinzipien beikommen könne. Es bedürfe dazu einer ihnen entgegengesetzten Metaphysik[52]. Johann Georg Walchs *Philosophisches Lexicon* von 1726 führt den Materialismus auf einen »Irrthum oder falschen Begriff in Ansehung der Materie« zurück. Seine Verfechter leugnen »geistige Substanzen« und lassen nur »körperliche« zu. Sie versichern, man könne »alle Begebenheiten und Wirkungen der natürlichen Körper bloß aus der Beschaffenheit der Materie, als deren Grösse, Figur, Schwere, Gegeneinanderhaltung und

51 Robert Boyle, *Of the Excellency and Grounds of the Corpuscular or Mechanical Philosophy*, in: The Works (1772), Bd. 4, Olms, Hildesheim 1966, S. 73.

52 Gottfried Wilhelm Leibniz, Samuel Clarke, *Merkwürdige Schriften, welche auf gnädigsten Befehl Ihro Königl. Hoheit der Cron-Prinzessin von Wallis, zwischen dem Herrn Baron von Leibniz und dem Herrn S. Clarke, über besondere Materien der natürlichen Religion, in Frantzös. und Englischer Sprache gewechselt ...*, Jena 1720, S. 2-9.

Mischung herleiten«[53]. Deutlicher noch wird die Distanz des gebildeten Bewußtseins gegenüber materialistischem Denken in Heinrich Adam Meissners *Philosophischem Lexicon* von 1737, das sich streng an Christian Wolffs deutsche Schriften anlehnt. Hier heißt es: »Materialisten sind eine schlimme Secte unter den Philosophen. Sie geben Nichts als bloße Cörper zu, und leugnen, daß die Seelen des Menschen von dem Leibe unterschieden, und also halten sie die Geister und Seelen blos für eine cörperliche Krafft, nicht aber für ein besonderes bestehendes Wesen. Sie behaupten, die Gedancken würden durch eine blosse cörperliche Krafft im Leibe bewerckstelliget, und demnach könne auch eine subtile Materie dencken. Alleine auf solche Weise fället die Freyheit mit der Unsterblichkeit der Seelen dahin; woraus man nach diesem mehrers folgert, was der Religion und Tugend nachteilig ist.«[54] Wesentlich neutraler dagegen fällt Meissners Charakterisierung der Idealisten aus: Sie »sind eine Secte der Philosophen, welche bloss Geister zugeben, oder solche Dinge, die nicht aus Materie bestehen und von uns einfache genennet werden, dergleichen die Leibnitzische *Einheiten* sind. Sie leugnen die würkliche Gegenwart der Welt ausser der Seele, und halten die Welt und die darinnen befindliche Cörper für blosse Einbildungen der einfachen Dinge, und sehen sie nicht anders als einen *regulirten* Traum an: dahero räumen sie der Welt weiter keinen Raum, als in den Gedancken,

53 Johann Georg Walch, *Philosophisches Lexicon* (1726), Bd. 2, Olms, Hildesheim 1968, S. 62.

54 Heinrich Adam Meissner, *Phil. Lexicon aus Christian Wolffs sämtlichen deutschen Schriften (1737)*, hrsg. v. Lutz Geldsetzer, Stern-Verlag, Düsseldorf 1970, S. 363.

ein«[55]. Meissner entnimmt seine Definition des »Idealisten« wörtlich der Wolff'schen Schrift *Vernünfftige Gedancken von Gott, der Welt und der Seele des Menschen*[56], die als frühester Beleg für diesen Begriff gilt. Den Idealisten hält Wolff hier bezeichnenderweise zugute, daß sie »den natürlichen Wissenschaften keinen Eintrag (tun), sondern alles, was von der Seele und der Welt richtig kann gelehret werden, in seinem Werte (lassen)«.[57] Von Wolff stammt denn auch die höchst folgenreiche Alternative: Idealismus/Materialismus. Sie entsteht anläßlich des Leib-Seele-Problems, dem Wolff, des Spinozismus und Atheismus verdächtigt, in einem erläuternden Band zu den *Vernünftigen Gedancken* im Sinn der prästabilierten Harmonie beizukommen sucht. Dabei geht es Wolff weniger um die Leibniz'sche Position selbst als um die mit ihr gegebene Möglichkeit, sich der praktisch unerwünschten Alternative des Materialismus zu entziehen. Da einige Philosophen, heißt es in jenem Erläuterungsband, »vermeinet, es wäre die Würkung des Leibes und der Seele ineinander ein an sich unauflöslicher Knoten, und deswegen gar dahin verfallen, daß sie eines von beiden, entweder die Seele, oder den Leib geleugnet, und entweder Materialisten, oder Idealisten worden ...; so war es nicht undienlich, sondern fast nötig, daß man ihnen zeigte, es könne die Gemeinschaft des Leibes und der Seele auf eine verständliche Art erkläret werden, und zwar dergestalt, daß man nicht mehr annehmen dürfe, als was sie beide zusammen annehmen. Und dieses war ...

---

55 Ibid., S. 312.

56 Christian Wolff, *Vernünfftige Gedancken von Gott, der Welt und der Seele des Menschen, auch allen Dingen überhaupt*, Bd. 2, Frankfurt a. M. ^{4}1770, § 787.

57 Ibid.

um so viel nötiger, weil die Materialisterei heute ... allzusehr überhand nimmet, und die zur Wollust geneigte Menschen dadurch von der Religion und Tugend abgezogen werden, und die Unsterblichkeit der Seele in Zweifel ziehen.«[58] Seit Kant wird der Materialismus nicht primär als Gegensatz zum (vorwiegend erkenntnistheoretisch verstandenen) Idealismus betrachtet, sondern als Gegensatz zum Spiritualismus.[59] Im 18. Jahrhundert gelten Holbachs Materialismus und Berkeleys Spiritualismus gleichermaßen als »realistische« Antworten auf die metaphysische Frage der Beschaffenheit des Weltganzen, die den bewusstseinsphilosophischen Idealismen gegenüberstehen. In dem Maße freilich, wie letztere selbst metaphysischen Charakter annehmen (so mündet Berkeleys empiristischer Ansatz ein in die These, das allein Wirkliche seien Geister und deren Perzeptionen), setzt sich in der Terminologie des 19. Jahrhunderts anstelle der Begriffspaare

58 Wolff, *Vernünfftige Gedancken*, l.c., Bd. 3, S. 449.

59 Anmerkung der Herausgeber: Diese Position macht Schmidt deutlich, wenn er beispielsweise über La Mettrie schreibt: »Gleichwohl hält La Mettrie daran fest, daß es unnötig sei, neben der materiellen Seinsart eine zweite, spirituelle anzunehmen. ›Es gibt im ganzen Universum nur eine Substanz, und der Mensch ist ihre vollkommenste Form.‹ Es besteht kein Grund, ›das Prinzip der Empfindung, das im Menschen aktiv denkt, in zwei Teile [zu] spalten‹. ›Die Seele‹, erklärt La Mettrie, (ist) nichts anderes als ein Bewegungsprinzip bzw. eine empfindsame, materielle Partie des Gehirns, die man ... mit Sicherheit als die hauptsächliche Triebfeder der gesamten Maschine betrachten kann, denn sie hat einen offensichtlichen Einfluß auf alle anderen und scheint auch als erste entstanden zu sein.« (Alfred Schmidt, *Die Leiblichkeit des Menschen als Bindeglied zwischen Medizin und Philosophie*, in: Michael Th. Greven, Peter Kühler, Manfred Schmitz (Hrsg.), *Politikwissenschaft als Kritische Theorie. Festschrift für Kurt Lenk*, Nomos Verlagsgesellschaft, Baden-Baden 1994, 133-149, S. 134.)

Idealismus/Realismus und Spiritualismus/Materialismus der Gegensatz von Idealismus und Materialismus immer mehr durch. Wir finden ihn bei so verschiedenen Denkern wie Fichte, Schopenhauer und Engels. – Die angeführten Belege für den Gebrauch des Begriffs »Materialismus« erklären, weshalb seine Vertreter lange zögern, sich selbst als Materialisten zu bezeichnen. Sie erhalten diesen bis ins späte 18. Jahrhundert immer wieder ihrer »Bezichtigung«[60] dienenden Namen von Parteigängern einer etablierten Metaphysik, die vornehmlich apologetische Zwecke verfolgt. Im Brennpunkt der Debatten steht daher schon bei Wolff nicht eigentlich der Lehrgehalt des Materialismus, sondern der Nachweis seiner für Moral, Religion und öffentliche Ordnung verderblichen Konsequenzen. Die von vornherein affektiv besetzte Dichotomie von Idealismus und Materialismus setzt sich bis heute fort im umgangssprachlichen Gegensatz des »selbstlosen« Idealisten und des »eigennützigen« Materialisten.

Grundzüge

Selbst Interpreten wie Adorno, die den Materialismus unvoreingenommen beurteilen, kommen nicht umhin festzustellen, dass ihm »immer und in allen ... Versionen gegenüber der ... raffinierten Philosophie auch ... ein Moment von Zurückgebliebenheit, von Bäuerlichkeit«[61] anhafte. Er steht

60 Cf. Hermann Braun, Artikel »Idealismus-Materialismus« in: Historisches Lexikon zur politisch-sozialen Sprache in Deutschland, hrsg. v. Otto Brunner, Werner Conze, Reinhart Koselleck, Bd. 3, Stuttgart 1982, S. 978.

61 Theodor W. Adorno, *Philosophische Terminologie*, Bd. 2., hrsg. v. Rudolf zur Lippe, Suhrkamp, Frankfurt a. M. 1974, S. 175.

quer zu den an »große Philosophie« gerichteten Erwartungen. Seine Verfechter nehmen sich neben Platon, Kant und Hegel geradezu subaltern aus. Die materialistische These von der alleinigen Wirklichkeit – bewegten – körperlichen (oder dinglichen) Seins ist mühelos widerlegbar; sie vermag unräumliche Sachverhalte wie Geist und Bewusstsein nicht zu erklären.[62] Die Urschwierigkeit allen Materialismus' besteht

---

62 Anmerkung der Herausgeber: Wenngleich Schmidt in dieser Auffassung die Position Ernst Haeckels fortsetzt, hat er die Mehrheit der Geisteswissenschaftler bis in die Gegenwart auf seiner Seite. Bei Haeckel lautet es im Kapitel über das »Bewußtsein der Seele«: »Die einzige Quelle unserer Erkenntnis des Bewußtseins ist dieses selbst; gerade hierin liegt in erster Linie die außerordentliche Schwierigkeit seiner wissenschaftlichen Untersuchung und Deutung.« (Ernst Haeckel, *Die Welträtsel* (1899), Kröner, Berlin 1960, S. 177.) Inzwischen müsste die Behauptung deutlich abgeschwächt werden, denn es existieren plausible Erklärungen des Bewusstseins, ohne den Geltungsbereich des materiellen Seins zu verlassen. So stellen Gerald M. Edelman und Giulio Tononi, fest: »Unsere Antworten basieren auf der Annahme, dass Bewusstsein sich aus der materiellen Ordnung gewisser Organismen ergibt. Wir betonen jedoch ausdrücklich, dass das Gehirn allein zur Entstehung von Bewusstsein nicht ausreicht, denn wir sind davon überzeugt, dass die höheren Hirnfunktionen Interaktionen sowohl mit der Welt als auch mit anderen Menschen unabdingbar voraussetzen.« (*Gehirn und Geist. Wie aus Materie Bewusstsein entsteht*, C.H. Beck, München 2002, S. 8.) Zweifelsfrei jedoch gilt jedoch, dass sich gegenwärtig die Fronten verschieben, und zwar von »den Geistes- und Sozialwissenschaften« hin zu den Naturwissenschaften. »Mit der Identifizierung von synchronen Signalströmen quer durch das Gehirn scheint man einem wesentlichen Prozess, der unserer evolutionär geprägten Bewusstheit zugrunde liegt, auf den Fersen zu sein. Und dennoch ist es angesichts der methodischen Grenzen unwahrscheinlich, dass die Kognitionsforschung das Geheimnis im Alleingang lüftet.« (Andreas K. Engel, *Vom Käfer in der Schachtel, den noch keiner gesehen hat*, in: FAZ 07. Januar 2015, S. N2.). Cf auch Antonio Damasio, *Selbst ist der Mensch. Körper, Geist und die Entstehung des menschlichen Bewusstseins*. Aus dem ame-

darin, dass er neben der materiellen Seinsart keine zweite, ideelle, anerkennt, andererseits aber berücksichtigen muss, dass Bedingendes und Bedingtes nicht identisch sind.[63] Entweder, so argumentieren seine Gegner, müsse der Materialismus alles Geistig-Seelische zu bloßem Schein herabsetzen oder es durch fragwürdige Hypothesen (und unter Hinweis auf künftige Resultate der Wissenschaft) aus stofflichen Vorgängen ableiten. Hieraus ergebe sich jene abwegige Metaphorik, die hinsichtlich des Verhältnisses der Erscheinungen des Bewusstseins zu ihrem materiellen Substrat (Hirn- und Nervenprozesse) von »Produkt«, »Funktion« oder, ärger noch, von »Sekret« rede. So berechtigt diese in der deutschen

rikanischen Englisch von Sebastian Vogel, Siedler, München 2011, S. 20: »Es gibt tatsächlich ein Selbst, aber es ist kein Gegenstand, sondern ein Prozess, und dieser Prozess läuft immer ab, wenn wir mutmaßlich bei Bewusstsein sind.«

63 Anmerkung der Herausgeber: Das Erlebnis eines Gedankens wird nicht wahrgenommen als elektrischer oder chemischer Prozess des Gehirns. Aber daraus folgt nicht, dass neben Elektrizität und Chemie eine andere Seinsart existiert, die die Gedanken trägt. Das Bedingte erscheint vollkommen losgelöst vom Bedingenden. Wahrscheinlich aber ist diese Sache ganz unspektakulär. Denn es wundert uns auch nicht, dass jeder Buchstabe einer Textverarbeitung auf einem Monitor nicht im Mindesten widerspiegelt, was gerade im Prozessor und den Speichereinheiten an magnetisierten Zuständen vorliegt. Obwohl in der Hardware des Computers ausschließlich Elektrizität und Chemie herrschen, kann unser Auge nur vermittels eines Displays Bilder erkennen. Die Halbleiterschaltungen der Hardware, haben nur so viel Ähnlichkeit mit diesen Bildern, wie unsere Gedanken mit der Neuronenkonstellation des Gehirns. Zu behaupten, man müsse alle Gedanken analog in der Konstellation von Neuronenaktivitäten wiederfinden, um das Bewusstsein aus der Hardware des Gehirns erklären zu können, ist ebenso abwegig wie zu behaupten, dass man aus dem Muster der Rille einer Schallplatte auf die Nummer des Köchelverzeichnisses müsste schließen können, wenn die Schallplatte ein Klavierkonzert von Mozart korrekt wiedergeben sollte.

Literatur seit der Mitte des 19. Jahrhunderts unablässig wiederholte Kritik ist, so falsch wäre es anzunehmen, mit ihr erledige sich die Frage des philosophischen Materialismus insgesamt. Dessen Begriff und gesellschaftliche Rolle, die höchst Verschiedenes umfassen, erschöpfen sich nämlich keineswegs in jener das Weltganze betreffenden These. Angesichts ihrer Schwäche ist der polemische Eifer erstaunlich, den ihre Abwehr verrät. Verständlich wird er, nach Horkheimers Einsicht, im Kontext geschichtlicher Kämpfe, die gegen »verhaßte Behauptungen, Wertungen, Forderungen«[64] ausgefochten werden. Unerwünschte, mit der materialistischen Alternative einhergehende Ideen und Verhaltensweisen beruhen in der Sicht ihrer Gegner *unmittelbar* auf der These von der alleinigen Wirklichkeit des Materiellen[65]. Sie setzen, was für idealistische Systeme zutrifft, stillschweigend auch beim Materialismus voraus, nämlich dass – mit Dilthey zu reden – »auf der Grundlage eines Weltbildes die Frage nach Bedeutung und Sinn der Welt entschieden und hieraus Ideal, höchstes Gut, oberste Grundsätze für die Lebensführung abgeleitet werden«[66]. Diltheys geistesgeschichtliche Weltanschauungslehre verfolgt ein letztlich metaphysisches Interesse. Sie zentriert daher, die Eigenart des materialistischen Denkansatzes verfehlend, die von ihr dargestellten Positionen um »gleichgerichtete Absichten«[67]. Dass die meisten Materialisten an metaphysische Probleme anknüpfen und den idea-

64 Max Horkheimer, *Materialismus und Metaphysik* (1933), in: Gesammelte Schriften, Bd. 3, hrsg. v. Alfred Schmidt, S. Fischer, Frankfurt 1988, S. 76.

65 Ibid., cf. S. 76 f.

66 Wilhelm Dilthey, *Weltanschauungslehre*, in: Gesammelte Schriften, Bd. 8, Stuttgart [4]1968, S. 82.

67 Max Horkheimer, *Materialismus und Metaphysik*, l.c., S. 73.

listischen Thesen eigene entgegensetzen, wird von Dilthey so interpretiert, als seien auch sie darauf bedacht, eine »vollständige Auflösung des Lebensrätsels«[68] zu erreichen. Während jedoch die (vielfach theologisch inspirierten) Metaphysiker danach streben, ihr gesamtes Leben vom »Einblick in die letzten Gründe«[69] abhängig zu machen, orientieren sich die Materialisten an praktischen, geschichtlich begrenzten Aufgaben, die jeweils nur sehr indirekt mit ihrer Grundposition zusammenhängen. Sätzen wie dem, dass alles Wirkliche auf Materie zurückführbar sei, kommt daher in ihren Lehren ein anderer Stellenwert zu als im Urteil ihrer Gegner; er enthält den »allgemeinsten und leersten Extrakt ihrer Erfahrungen, keineswegs ein Gesetz für ihr Handeln«. Die Materie taugt nicht zur Norm. Sie ist »an sich selbst sinnlos, aus ihren Qualitäten folgt keine Maxime für die Lebensgestaltung: weder im Sinn eines Gebotes noch eines Musterbildes«[70].

Die »absolute Physik«, wie Schopenhauer den die Welt aus sich selbst erklärenden Materialismus kennzeichnet[71], erlaubt nur so viel »Sinn«, wie historisch bedingte Menschen herzustellen vermögen. In dieser Beschränkung des Zweck- und Werthaften auf menschlich Erreichbares drückt sich ein zutiefst *pessimistisches*[72] Motiv des materialistischen

68 Dilthey, *Weltanschauungslehre*, l.c., S. 82.

69 Horkheimer, *Materialismus und Metaphysik*, l.c., S. 77.

70 Ibid., S. 79.

71 Arthur Schopenhauer, *Die Welt als Wille und Vorstellung*, Bd. 1 u. 2, in: Sämtliche Werke Bd. 2 u. 3. hrsg. v. Arthur Hübscher, Wiesbaden ³1972, S. 361.

72 Anmerkung der Herausgeber: »Pessimistisch« ist der Materialismus in dem Sinne, wie wir etwa bei Schopenhauer finden, dass die Annahme der Existenz und des Seins nicht notwendig beinhalten, dass dies »gut« sei. Die Betrachtung der Welt unter dem Aspekt, dass sie aus einer einheitlichen Substanz verfasst ist, bedarf der Voraussetzung

Denkens aus, das oft übersehen (und selbst von Materialisten nicht immer ausgesprochen) wird. Es kündigt sich, so Horkheimer, bereits im Altertum an: »Wenn Wahrheit sich reduziert auf sinnlose Bewegungen von Atomen, dann gibt es außerhalb des Menschen keine Macht, die ihm ewigen Schutz, ausgleichende Gerechtigkeit gewährt. Der Mensch ist dann im transzendenten Sinn verlassen. Zwei Möglichkeiten bleiben ihm noch: entweder zu verzweifeln oder, allein in einem unendlichen Universum, dasjenige zu steigern, was man allgemeine menschliche Solidarität heißt.« Ihr ist freilich »transzendente Trauer notwendig beigemischt«[73]. Einen weiteren Aspekt jenes pessimistischen Motivs, das materialistischer Philosophie innewohnt, bildet die Einsicht in die kreatürliche Hinfälligkeit des Menschen. Der Materialismus demaskiert den Geist als naturbeherrschendes Prinzip, »indem er ihn«, wie Adorno hervorhebt, »seiner eigenen Naturwüchsigkeit überführt und schließlich den Ursprung des Geistes ... in der Lebensnot sucht«[74]. Hiermit hängt zusammen, was Adorno die allem Materialismus eigentümliche »Grundschicht«[75] oder seinen »existentiellen Erfahrungsgehalt«[76] nennt. Er geht dabei aus von der unausrottbaren »Leibnähe« dessen, was die Menschen empfinden, erleben und erfahren. Da Gegebenheiten des Bewusstseins nie ohne das »Moment von Lust und Unlust« vorgestellt werden

---

nicht, dass jemand sich bei der Entstehung der Welt etwas gedacht haben muss und das Ganze auf einen »guten« Zweck hin gerichtet zu haben.

73 Horkheimer, *Geschichte des Materialismus* (1957), in: Ges. Schr., Bd. 13, hrsg. v. Gunzelin Schmid Noerr, Frankfurt 1989, S. 404.

74 Adorno, *Philosophische Terminologie*, l.c., S. 173.

75 Ibid., S. 185.

76 Ibid., S. 186.

können, enthalten sie stets ein »stoffliches Moment«[77], das nicht auf Erkenntnis bezogen ist. Indem der Materialismus eben dieses Moment pointiert, wird er dem, was leibhaftige Menschen wirklich erfahren, gerechter als immanenzphilosophische Ansätze. Er erinnert daran, dass mit dem Leib nicht nur Organlust gesetzt ist, sondern auch »die Beziehung zum Tod … als dem Niedrigen, Widerlichen und Naturverfallenen«[78]. Die ebenso ungeschmälert materialistische wie *metaphysische* Erfahrung ist Adorno zufolge jene, »die der Medizinstudent in der Anatomie macht, wenn er an einer Leiche herumschneiden muß«[79]. Soweit Materialismus, seinem strengen Begriff gemäß[80], die Geistwidrigkeit des Todes unsublimiert ins Bewusstsein aufnimmt, bleibt er der innerweltlichen Selbsterfahrung des Individuums verpflichtet und gewinnt insofern eine *außerphilosophische* Dimension, als seine Kritik am Idealismus sich zugleich gegen Philosophie überhaupt richtet.[81] Es verriete, so Feuerbach, einen »be-

77 Ibid., S. 177.

78 Ibid., S. 180.

79 Ibid., S. 181.

80 Anmerkung der Herausgeber: Alfred Schmidt geht davon aus, dass es einen strengen Begriff des Materialismus gibt. Darin aber scheint er zu viel erwartet zu haben. Weil Materialismus stets auch an die jeweils herrschenden Idealismen gebunden ist, die er kritisiert, ist sein Begriff auch ständiger Wandlung unterworfen. Die Strenge des Begriffs ist hier weniger streng zu verstehen.

81 Anmerkung der Herausgeber: Die Hauptströmungen der Philosophie, damit sind ihre schulbildenden Entwicklungslinien gemeint, stellen sich, wie Whitehead einmal vermutete, als Fußnoten zu Platon dar. (»Die sicherste allgemeine Charakterisierung der philosophischen Tradition Europas lautet, daß sie aus einer Reihe von Fußnoten zu Platon besteht.« Alfred North Whitehead, Prozeß und Realität (Process and Reality), Teil II, Kapitel 1, Abschnitt 1, S. 91). Materialismus wird dadurch zur Anti-Philosophie, indem er quer steht zu

schränkten Gesichtskreis«, wollte man den »Streit zwischen Spiritualismus und Materialismus« lediglich »innerhalb der Mauern der Philosophie im engeren Sinne« erörtern; sein wahrer Austragungsort liegt auf medizinischem Gebiet. Die Schulphilosophen übersehen, »daß der Materialismus ... schon so lange auf Erden existiert und existieren wird, als es Patienten und Ärzte gab und geben wird, daß daher, wer die Leiden der Menschen ins Auge und Herz faßt, notwendig zum Materialisten wird«[82]. Primär also ist für Feuerbach der Materialismus gesetzt mit der *Leiblichkeit* des Menschen – nicht mit einer intellektuellen Entscheidung: »Die Medizin, die Pathologie vor allem, ist die ... Quelle des Materialismus. Und diese kann leider nicht durch philosophische Gründe verstopft werden; denn solange Menschen leiden, wenn auch nur Hunger und Durst, und diese Leiden nicht durch idealistische Machtsprüche ... geheilt werden können, werden sie auch, wenn auch wider Wissen und Willen, Materialisten sein. Die Medizin ist aber nicht die Quelle ... des über den Menschen hinausschweifenden, sondern des ... beim Menschen stehenbleibenden Materialismus.«[83] Ihn verficht Feuerbach als *anthropologisches Prinzip.* – Anders der universelle (oder kosmische) Materialismus, dessen *pantheistische* (oder Pantheismus zumindest implizierenden) Entwürfe eines All-Einen für individuelles Leid nur geringes Interesse bekunden. Sie verbinden mit dem Vorrang der Materie eine »Verehrung der Natur oder des Natürlichen«, als ob »das Ursprüngliche

---

jeder Form des Platonismus und den meisten Formen traditioneller Philosophie.

82 Ludwig Feuerbach, Ges. Werke. Hrsg. v. Werner Schuffenhauer, Berlin 1967 ff, (bis 1990 14 Bde. erschienen), Bd. 11, S. 118; 119.

83 Ibid., S. 125.

oder Selbständige an sich besonderen Respekt« verdiene[84]. Solche affirmativen Entwürfe, wie sie namentlich bei Bruno, Spinoza, selbst Holbach vorliegen, mussten sich dem Verdacht *dogmatischer Metaphysik* aussetzen. Ein Verdacht übrigens, der seit Mitte des 19. Jh. zumal von neukantianischen und positivistischen Erkenntnistheorien gegen den Materialismus insgesamt erhoben wird. Begründet ist er darin, dass konsequente Materialisten genötigt sind, alles Seiende aus der – damit zum höchsten *Prinzip* werdenden – Materie abzuleiten, während diese bezeichnet, was kein Prinzip, sondern ein in Geist Unauflösliches sein soll. Die allem streng *monistischen* Materialismus innewohnende Tendenz zum »System« gerät in Widerstreit zu dessen Inhalten, die sich, nominalistisch gedeutet, jeder Systematisierung entziehen. Es spiegelt sich freilich hierin auch der antinomische Charakter des Denkens überhaupt, das die Wirklichkeit zu erfassen sucht[85].

Neben metaphysischer wird dem Materialismus seit je *erkenntnistheoretische* Unzulänglichkeit vorgeworfen. Sie beruht aus idealistischer Sicht darauf, dass er umstandslos von einem objektiv Gegebenen ausgeht. Ohne vorherigen

---

84 Horkheimer, *Materialismus und Moral* (1933) in: Ges. Schr., Bd. 3, hrsg. v. Alfred Schmidt, Frankfurt 1988, Ges. Schr. 3, S. 93. – Anmerkung der Herausgeber: Verehrung der Natur und des Natürlichen finden wir beispielsweise deutlich ausgedrückt bei Giordano Bruno, der insofern materialistisch denkt, als er das Substanzprinzip und das Formprinzip der aristotelischen Metaphysik zu einer einzigen Materie zusammengefügt hatte. Diese Materie ist dadurch zur Erschaffung unendlich vieler Formen begabt, unter denen das Leben nicht ausgeschlossen ist. Es bedarf keines *dator formarum*, der die Materie als das Passive aktiv von außen gestaltet. Materie selbst ist dadurch mit der Schöpferkraft eines Gottes begabt.

85 Adorno, *Philosophische Terminologie*, l.c., cf. S. 241 f.

Rekurs auf das Erkenntnis und (vermittels ihrer) gegenständliche Wirklichkeit konstituierende Subjekt bezieht er sich unmittelbar auf seiende Dinge.[86] Dieses »vorkritische« Verhalten kann, was Schopenhauer behauptet, von Selbstvergessenheit des Subjekts zeugen[87], aber auch von einer bewusst verfochtenen Position. Lenin etwa betont, dass die materialistische Philosophie sich den spontanen Standpunkt aller Menschen, die Außenwelt existiere unabhängig von jeglichem Bewusstsein, ausdrücklich zu eigen mache[88]. Dieser für den Materialismus insgesamt verbindliche »Vorrang des Objekts«[89] wird jedoch, was seine *kognitive* Seite anbe-

---

86 Anmerkung der Herausgeber: Materialismus folgt dem Vorurteil nicht, dass Urteile *a priori* – falls es so etwas überhaupt geben mag – wertvoller seien als Urteile *a posteriori*, die zweifellos weniger intellektuelles Niveau beanspruchen, dafür aber durch unsere gewöhnliche Alltagserfahrung verbürgt sind.

87 Cf. Schopenhauer, Werke 3, l.c., S. 356.

88 Cf. Wladimir Iljitsch Lenin, *Materialismus und Empiriokritizismus* (Moskau 1909), in: ders., Werke, Bd. 14, Berlin 1968, S. 52 u. 61 f.

89 Adorno, *Negative Dialektik*, Frankfurt a.M. 1966, cf. S. 183. – Anmerkung der Herausgeber: Adornos These wendet Alfred Schmidt auch auf den von Eduard Zeller bei Schopenhauer vermuteten Zirkel an. »Philosophisch indessen wurde Schopenhauers Erkenntnislehre (Welt als »Gehirnphänomen«) schon früh angefochten«, lautet es zunächst 1988 in dem Beitrag *Physiologie und Transzendentalphilosophie bei Schopenhauer* (in: Alfred Schmidt, *Tugend und Weltlauf – Vorträge und Aufsätze über die Philosophie Schopenhauers (1960-2003)*, Peter Lang, Frankfurt am Main 2004, 193-205). »Seit Zellers berühmtem Einwand, sie laufe hinaus auf den ›greifbaren Zirkel, daß die Vorstellung ein Produkt des Gehirns und das Gehirn ein Produkt der Vorstellung sein soll‹, ist ihre Diskussion weitergegangen. Das Schopenhauersche ›Hirnparadoxon‹ bleibt ein Stein des Anstoßes.« (S. 193) Aber in einer späteren Arbeit – *Paradoxie als Wahrheit im Denken Schopenhauers* (1999) – deutet Schmidt eine Lösung an: »Was wir in unserem Leib als Wille entdecken, ist die unendliche Natur: ›das ohne Vermittlung des Intellekts Wirkende, Treibende, Schaffende‹.

langt, auf dem Weg von Demokrit zu Adorno immer wieder modifiziert. Die dürre These, das Erkannte sei eine »Widerspiegelung« (oder ein »Abbild«) des zu Erkennenden kann sehr Verschiedenes bedeuten. So folgt aus der unausrottbar *sensualistischen* Komponente materialistischer Philosophie keineswegs von vornherein, dass sie als »naiver Realismus« auftritt. Vielmehr gehört es früh zu ihrem *wissenschaftlichem* Anspruch, sich von sinnlichem Schein nicht blenden zu lassen. Nach Demokrit beruht die bunte Vielfalt der Welt auf subjektivem Erleben; real sind die allein durch Denken erschließbaren, im leeren Raum sich bewegenden Atome. Dem entspricht Marxens Überzeugung, dass alle Wissenschaft überflüssig wäre, wenn Erscheinungsform und Wesen der Dinge unmittelbar zusammenfielen[90].

Seit seinen vorsokratischen Anfängen verbindet der Materialismus Philosophie mit Naturforschung. Dies in deutlichem Gegensatz zur idealistischen Tradition, deren (mehr oder weniger vermittelte) Sachbezüge zu Mythos, Religion und Theologie unbestreitbar sind. Soweit der neuere, transzendental gerichtete Idealismus sich als »Metaphysik der Natur« (Kant) versteht, gilt sein Interesse nicht eigentlich ihrem materialen, wissenschaftlich erforschbaren Be-

---

In Schopenhauers Hinweis auf die Unabhängigkeit des ontologisch primären Willens (dessen ›Stoff‹ energetisch-triebnaturalistisch ist) von der sekundären Vorstellungswelt zeichnet sich die Möglichkeit ab, dem Zellerschen Zirkel durch einen (im Adornoschen Sinn) vermittelten *Vorrang des Objekts* zu entgehen. Es wäre dann, entgegen Schopenhauers Bekunden, nicht *ebenso wahr*, ›daß ich eine bloße Modifikation der Materie sei‹, wie es wahr ist, ›daß alle Materie bloß in meiner Vorstellung existire‹. Wir hätten es hier zu tun mit einer Rangordnung von Wahrheiten verschiedener Qualität.« (In: Ibid., 311-318, S. 317 f.)

90 MEW 25, cf. S. 324; 825.

stand, sondern dem Aufweis apriorischer Bedingungen der Möglichkeit ihrer Erkenntnis wie ihres dinghaften, lückenlos determinierten Daseins. Obwohl die so (als empirische Realität) gekennzeichnete Natur dem Bild entspricht, das auch Materialisten von ihr entwerfen, bleibt sie *subjektiv* konstituiert, eine abgeleitete Größe. Demgegenüber lehrt der Materialismus die absolute Eigenständigkeit der Natur, deren wissenschaftliche (und praktische) Aneignung ihm die großen Themen liefert. Indem er diese begrifflich verarbeitet und propagiert, stellt er sich als die unmittelbar der Wissenschaft entspringende Weltansicht dar. Daher auch die (noch immer anzutreffende) These Schopenhauers, ein »völlig durchgeführter Materialismus« sei »das Ziel und ... Ideal aller Naturwissenschaft«[91].

Unbeschadet ihres geistesgeschichtlichen Ansatzes enthält Diltheys Weltanschauungslehre wertvolle Einsichten in die Genese und Funktion der materialistischen Naturauffassung[92]. Ihre historische Stoßkraft, unterstreicht Dilthey, beruht darauf, dass sie dem bloß durch Autorität und Tradition Verbürgten *kritisch* entgegentritt. Deshalb bekämpft sie die »Mächte der Religiosität«, die »Dunkelheiten« einer »spiritualistischen Metaphysik«. Ihr geschichtliches Recht erblickt Dilthey in dem Bestreben, »das Bündnis der Kirche mit der Gewaltherrschaft in der Gesellschaft«[93] zu überwinden. Argumentative Stärke und zivilisatorische Wirksamkeit des naturwissenschaftlich unterbauten Materialismus liegen darin, dass er sich an der »räumlichen, sinnfälligen Wirklichkeit« orientiert, die unverbrüchlichen Gesetzen gehorcht.

91 Schopenhauer, Werke 2, l.c., S. 33.
92 Cf. Dilthey, l.c., S. 105.
93 Ibid.

In ihr geht es mit rechten Dingen zu. Sie enthält nirgendwo einen »dunklen Rest unfaßlicher Kräfte«, einen »Winkel, in dem ein selbständig Geistiges oder Transzendentes sich verbergen«[94] kann. Alles ist rational und natürlich erklärbar.[95] Eine Konzeption, deren (von Demokrit bis Holbach gleichbleibende) Struktur Dilthey wie folgt beschreibt: »Sensualismus in der Erkenntnistheorie, Materialismus als Metaphysik und ein zweiseitiges praktisches Verhalten – der Wille zum Genuß und die Aussöhnung mit dem übermächtigen und fremden Weltlauf durch Unterwerfung unter denselben in der Betrachtung«[96].

Geschichte

Die vielfach stiefmütterliche Behandlung des Materialismus seitens der Philosophiehistoriker hängt nicht nur mit gesellschaftlichen, politischen und theologischen Vorbehalten zusammen, sondern hat auch, wichtiger noch, den sachlichen Grund, dass sein Bild in der Geschichte weniger scharf umrissen ist als das des Idealismus. Gewiss, man kann, mit Lenin, vom zweitausend Jahre währenden »Kampf zwischen den Tendenzen oder Linien eines Plato und eines Demokrit

94 Ibid.

95 Anmerkung der Herausgeber: Es ist an dieser Stelle nicht klar, ob Schmidt hier einem eigenen Vorurteil über die Methode der Naturwissenschaften aufgesessen ist. Denn er unterscheidet nicht zwischen der dogmatischen Behauptung, dass es nur rationale und natürliche Dinge gäbe, und der Methode der Naturwissenschaften, nur rationale und natürliche Mittel bei der Erklärung zu verwenden.

96 Ibid.

in der Philosophie«[97] sprechen. Das berechtigt jedoch nicht dazu, den inhaltlichen Reichtum der Philosophiegeschichte, wie dies in marxistischer Literatur häufig geschieht, auf jenen Kampf zu reduzieren. Er trägt sich zudem keineswegs immer, wie Engels dies nahelegt[98], zwischen zwei geschlossenen »Lagern« zu. Zuweilen sind auch, so bei Kant und Schopenhauer, idealistische und materialistische Motive in ein und demselben System ineinander verwoben. Ferner kann die Geschichte des Materialismus sich streckenweise innerhalb der des Idealismus abspielen; bei der Kritik, die Aristoteles an Platon, Hegel an Kant übt, gewinnt – objektiv – der Materialismus an Boden. Sein »Kampf« mit dem Idealismus nimmt mitunter auch die Form eines wissenschaftlichen Disputs an. So geht es bei den physiologischen und biologischen Debatten des 19. Jahrhunderts über die »Lebenskraft« letztlich um die Frage, ob Organisches sich auf physikochemische Prozesse reduzieren lasse oder ob seine Erklärung eines weiteren, »psychoiden« Faktors bedürfe. Zu beachten ist schließlich, dass die Philosophen seit dem cartesianischen Neubeginn, worauf Engels verweist, »keineswegs ... allein durch die Kraft des reinen Gedankens vorangetrieben (wurden). Was sie ... vorantrieb, das war namentlich der gewaltige Fortschritt der Naturwissenschaft und Industrie. Bei den Materialisten zeigte sich dies schon auf der Oberfläche, aber auch die idealistischen Systeme erfüllten sich mehr und mehr mit materialistischem Inhalt und suchten den Gegensatz von Geist und Materie pantheistisch zu versöhnen; so daß schließlich« – wie Engels in kühner Interpretation hinzufügt – »das Hegelsche

97 Lenin, l.c., S. 124.
98 MEW 21, cf. S. 275.

System nur einen nach Methode und Inhalt idealistisch auf den Kopf gestellten Materialismus repräsentiert«[99].

Häufig tritt materialistisches Denken nicht als feste »Position« auf, als geschlossenes Weltbild, sondern als Einsprache, Korrektiv oder Kritik. Das erschwert seine Identifikation. Der materialistische Diskurs ist stets *geschichtlich* situiert; er entwickelt sich in praktisch-polemischen Zusammenhängen. Dadurch nehmen seine Thesen wechselnde Bedeutungen an; ein einfaches Für oder Wider wird ihnen nicht gerecht. Materialismus ist keine *philosophia perennis.* Seine Geschichte besteht deshalb auch nicht, wie Dilthey es darstellt[100], aus Beispielen für eine feststehende, einheitliche Idee. Während nach seiner Weltanschauungslehre die verschiedenen Systeme Versuche sind, das über Jahrtausende gleichbleibende »Rätsel des Lebens«[101] zu lösen, widmet das materialistische Denken sich Aufgaben, die jeweils der historischen Praxis entspringen. Daher sein geringer Ehrgeiz, immer neue Entwürfe hervorzubringen, die darauf abzielen, sich des »Einen«, »Großen«, bisher »Unbeantwortbaren«[102] endgültig zu versichern. Verglichen mit der Vielfalt an Motiven, die den Idealismus kennzeichnet, wirkt der Materialismus eher bescheiden. Farbe, Gewicht und Stellenwert gewinnen seine allgemeinsten, die »Materialität der Welt«[103] betreffenden Sätze immer nur in Bezug auf den historischen Kontext, in dem sie ausgesprochen werden. Eine immanente Entwicklungslogik, ablesbar etwa am Gang der nachkantischen Spekulation, ist der

99 Ibid., S. 277.
100 Cf. Dilthey, l.c., S. 82 ff., 100 ff.
101 Ibid., S. 209.
102 Ibid.
103 Engels, MEW 20, l.c., S. 41.

materialistischen Philosophie fremd. Aus ihrer im Vergleich zum Idealismus größeren Nähe zu lebensweltlich vorgegebenen Fragestellungen ergibt sich, dass auch ihr Verhältnis zur *Religion* erheblichem Wandel unterliegt. Es hängt weithin vom Stand der Geschichte ab, ob die Materialisten der Religion wohlwollend bis indifferent, skeptisch oder feindselig gegenüberstehen. So kann die Kritik eines Dogmas im Komplex ihrer Ansichten zu einer bestimmten Zeit in einem bestimmten Land eine wichtige Rolle spielen, während sie unter anderen Bedingungen belanglos ist. Übrigens schließen, was sich an Boyle, Newton und Priestley belegen lässt, materialistische Naturbetrachtung und religiöses Bewusstsein einander keineswegs von vornherein aus. Diese Gelehrten versöhnen, im Geist deistischer Aufklärung, ihr kausal-mechanisches Weltbild mit der Annahme eines transzendenten, die Materie in Bewegung versetzenden Schöpfers. Unverhüllt *atheistisch* dagegen wird der Materialismus in Westeuropa überall dort, wo er sich vom Deismus trennt, indem er die Materie zum Prinzip ihrer eigenen Bewegung erhebt. – Wohl beruft die materialistische Religionskritik sich (vorzugsweise) auf die Wissenschaft. Das rechtfertigt jedoch nicht Lenins – den Sachverhalt politisch vereinfachende – These[104], der Gegensatz von Idealismus und Materialismus sei jederzeit gleichbedeutend mit dem von (reaktionärer) Religion und (fortschrittlicher) Wissenschaft. Denn darüber, welcher weltanschaulichen Position jeweils welche Rolle zufällt, befindet nicht nur ihr abstrakter Lehrgehalt, sondern die historische Dynamik[105].

---

104 Cf. Lenin, l.c., S. 124.

105 Cf. Post/Schmidt, S. 27 f.

Antiker Materialismus

Der Schritt vom Mythos zum Logos

Materialismus im eigentlichen Sinn setzt die *begriffliche*, erst bei Platon nachweisbare Gegenüberstellung von Stofflichem und Geistigem voraus. Diese ist im ionischen Naturdenken, das die gemeinsamen Anfänge von Wissenschaft und Philosophie verkörpert, noch nicht vollzogen. Anschauung und Begriff, Leib und Seele, Materie und Götter sind hier noch ungeschieden. Gleichwohl steht, aus späterer Perspektive, der frühgriechische »Hylozoismus« materialistischem Denken näher als idealistischem. Die ältesten Philosophen, betont schon Aristoteles, wollen »überall nur die stofflichen Ursachen anerkennen. Denn woraus alle Gegenstände bestehen, woraus sie sich entwickeln und worein sie sich schließlich wieder auflösen, wobei das Wesen bleibt und nur die Eigenschaften sich wandeln, das ist nach ihrer Auffassung Element und Urgrund aller Gegenstände; und dieses bewirkt, so meinen sie, daß nichts entstehen oder vergehen kann, weil ein solcher Grundstoff seiner Natur nach ewig erhalten bleibt.«[106] Der naturwüchsige Materialismus setzt

106 Aristoteles A 3, S. 983 b.

naiv in der »unendlichen Mannigfaltigkeit der Naturerscheinungen« eine »Einheit« voraus und sucht sie »in etwas Bestimmt-Körperlichem, einem Besonderen«[107]. Dieses Eine, worauf das Viele sich zurückführen lässt, erblickt Thales (etwa 625–545 v.Chr.) im Wasser, das hier – in seiner materiellen Bestimmtheit – als Weltprinzip (ἀρχή) auftritt. Wohl verweist Thales' Lehre zurück auf die weit ältere, mythische Vorstellung, die im personifizierten Meerwasser, (ὀκεανός) das Uranfängliche (und darum Göttliche) sieht. Aber sie entkleidet, als tastender Versuch einer physikalischen Welterklärung, das feuchte Element der personalen Form, unter der es der Mythos nach dem Bilde des Menschen anschaut. Aristoteles vermutet denn auch, dass Thales durch bestimmte Beobachtungen zu seiner Generalthese gelangt sei[108]. Wenn dieser gleichzeitig behauptet, alles sei »voll von Göttern«, so denkt er dabei an Naturkräfte, die menschlicher Erkenntnis zugänglich sind[109]. – Anaximander (um 611–545 v. Chr.), ein Schüler des Thales, entfernt sich insofern von dessen naiv-realistischem Weltbild, als er zögert, irgendeinem empirisch gegebenen Stoff den Rang eines Ewigen zu verleihen, das allem zugrunde liegt. Sein wahrscheinlich *Über die Natur* betiteltes Werk (die erste bekannte Prosaschrift der Griechen) strebt hinsichtlich jenes Ewigen einen höheren Allgemeinheitsgrad an. Anaximander bezeichnet es als »das Unbegrenzte« (τὸ ἄπειρον), mit welchem Eigenschaftswort schon Homer und Hesiod die Unermesslichkeit von Himmel, Erde und Meer beschreiben. Das Apeiron ist ein ursprünglich einheitlicher, räumlich unendlicher Urstoff,

107 Engels, MEW 20, S. 458.
108 Cf. Aristoteles A 3, S. 983 b.
109 Cf. Nestle, S. 81.

der ewig »wird«, d. h. mit den Gegensätzen des Warmen und Kalten, Feuchten und Trockenen die einzelnen Stoffe aus sich »aussondert« und wieder in sich zurückkehren lässt. In der qualitativen Unbestimmtheit der obersten Ursache des Anaximander kündigt sich an, dass Materie als *philosophische* Kategorie nicht zu verwechseln ist mit einzelwissenschaftlich erarbeiteten Begriffen von Materie, die sich auf deren *Struktur* beziehen. – Auch Anaximenes (zw. 585–525 v. Chr.), der dritte milesische Philosoph, fragt nach dem Grundstoff der Welt. Darin, dass dieser unbegrenzt sein müsse, pflichtet er seinem Lehrer Anaximander bei. Aber er bestimmt ihn wieder qualitativ. Die Luft ist Anaximenes zufolge jenes bewegliche und wandelbare Element, durch dessen Verdichtung und Verdünnung alle Dinge entstehen. – Mit Heraklit von Ephesos (544–483 v. Chr.) gelangt die kosmologische Spekulation der Ionier zu einem gewissen Abschluss. Dem Volksglauben wie jeder dichterischen Welterklärung steht Heraklit ablehnend gegenüber. Von den Milesiern unterscheidet ihn, dass er sich primär nicht mit dem Problem des »Stoffs«, sondern der *Gesetzmäßigkeit* alles Geschehens beschäftigt; ihre richtige Erkenntnis gestattet richtiges Handeln: ein Sicheinfügen des Menschen in die ewige Naturordnung. Insofern haben die Stoiker (und deren materialistische Nachfahren) sich zu Recht auf Heraklit als den Begründer ihrer Lehre vom *naturgemäßen Leben* berufen[110]. Jene allwaltende Gesetzmäßigkeit nennt Heraklit den *Logos* (des Erkennens wie) der Dinge. Gebunden aber bis zur Ununterscheidbarkeit ist auch er an ein materielles, feuerartiges Substrat: »Diese Welt, dieselbige von allen Dingen, hat weder der Götter noch der

110 Cf. Jürss, S. 93.

Menschen einer gemacht, sondern sie war immer und ist und wird immer sein ein ewig lebendiges Feuer, nach Maßen sich entzündend und nach Maßen erlöschend.«[111] Der gesetzhafte Logos, nach Heraklit »ein ewig lebendiges Feuer«, offenbart sich im – durchdachten – Zeugnis der Sinne: »Wir steigen in denselben Fluß und doch nicht in denselben; wir sind es, und wir sind es nicht.«[112] Diesen beständigen Wechsel erklärt Heraklit aus dem (im nämlichen Betracht) einheitlichen wie entzweiten Wesen der Natur, das unabhängig ist von privaten Meinungen. Die objektiv-dialektische Wahrheit, dass »das All-Eine, auseinanderstrebend, mit sich selber übereinstimmt«[113], ist den Menschen schwer zugänglich; nur die »Wachenden«, d. h. dem Logos gemäß Denkenden haben »ein und dieselbe gemeinsame Welt«[114]. – Xenophanes von Kolophon (580/77–485/80 v. Chr.) gehört noch zu den Ioniern, obwohl seine Stärke auf religionskritischem Gebiet liegt. Als wandernder Rhapsode entdeckt er die Relativität der Satzungen des jeweiligen Volksglaubens. Sie sind bloße Spiegelbilder menschlicher (und gesellschaftlicher) Verhältnisse. Souverän entlarvt der Aufklärer Xenophanes den *Anthropomorphismus* der polytheistischen Religion. »Alles«, sagt er, »haben Homer und Hesiod den Göttern angedichtet, was nur immer bei den Menschen Schimpf und Schande ist: Stehlen, Ehebrechen und sich gegenseitig Betrügen«[115]. Der Mensch spiegelt sich in seinen Göttern; »die Äthiopen stellen sich ihre Götter schwarz und stumpfnasig vor, die Thraker

---

111 fr. 30: Capelle, S. 142.

112 fr. 49a: ibid., S. 132.

113 fr. 51: ibid., S. 134.

114 fr. 89: ibid., S. 132.

115 fr. 11: ibid., S. 121.

dagegen blauäugig und rothaarig«[116]. Durch solche Einsichten wird Xenophanes zum antiken Feuerbach, nicht aber zum Atheisten. Bei aller unerbittlichen Kritik der »Fabeln vergangener Zeit«[117] sieht er, beeinflusst durch Anaximander, im all-einen, unwandelbaren Kosmos eine übermenschliche, rein geistige Gottheit verkörpert[118].

Die Atomistik

Bildet das frühgriechische Denken mit seinen mehrdeutigen, bald mythisch befangen, bald antimythologisch bis kryptomaterialistisch anmutenden Dokumenten gleichsam die Vorgeschichte des Materialismus, so beginnt dessen eigentliche Geschichte mit der Atomistik. Erst sie entkleidet die Physis aller animistischen Reste. Bedürfen Anaxagoras von Klazomenai (um 500–428 v. Chr.) und Empedokles von Agrigent (483/82–424/23 v. Chr.), unmittelbare Vorläufer der Atomisten, noch geistig-psychischer Faktoren, um den Weltprozess zu erklären, so genügt dazu jenen die der Materie selbst immanente Bewegung. – Anaxagoras lehrt, alle wahrnehmbaren Dinge bestünden aus zahllosen, unendlich teilbaren, daher den Sinnen unzugänglichen, qualitativ verschiedenen Urstoffen (σπέρματα), wobei jedes Ding – in je verschiedener Menge – sämtliche Urstoffe enthalte. »In allem«, sagt er, »ist ein Teil von allem« und »wovon am meisten in einer Masse ist, das ist und war am sichtbarsten je-

116 fr. 16: ibid.
117 fr. 1: ibid., S. 120.
118 Cf. Nestle, S. 90 f.

des einzelne Ding«[119]. Da die Urstoffarten (Goldteilchen, Fleischteilchen, Knochenteilchen usf.) sich nicht ineinander verwandeln können, ist alles (vermeintliche) Entstehen und Vergehen *mechanisch* zu erklären: als »Sich-Mischen« und »Sich-Trennen«[120] bereits vorhandener Stoffe. Zu ihnen hinzu tritt der *Geist* (νοῦς), dessen Beschaffenheit bei Anaxagoras changiert zwischen der eines alles durchdringenden Stoffes von äußerster Feinheit[121] und der eines schlechthin unkörperlichen, selbstherrlichen Prinzips[122], das die ursprünglich chaotischen Stoffmassen in Bewegung setzt, in eine planvoll geordnete Welt überführt, um diese sodann ihrer eigenen Mechanik zu überlassen[123]. Empedokles setzt wie Heraklit die Unentstandenheit der Welt voraus, führt jedoch die Vielfalt ihrer Erscheinungen auf vier materielle (später als »Elemente« bezeichnete) »Grundwurzeln« zurück, die er gleichzeitig mit physikalischen und mythologischen Namen versieht[124]: Feuer (Zeus), Luft (Hera), Erde (Hades) und Wasser (Nestis). Die sichtbaren Dinge kommen auch nach Empedokles *mechanisch* zustande: durch die Art der Mischung (Verbindung) bzw. Entmischung (Trennung) der vier Urstoffe. Da diese sich ursprünglich in parmenideischer Ruhe befinden, müssen sie dauernd durch äußere Kräfte bewegt, d. h. in wechselnde Beziehungen versetzt werden. Diese den kosmischen Kreislauf bewirkenden Kräfte sind Empedokles zufolge Liebe (φιλίας) und Streit (νείκος). In

119 fr. 12: Capelle, S. 263.
120 fr.17: ibid., S. 260.
121 Cf. ibid., S. 273.
122 Cf. ibid., S. 272.
123 Cf. Jürss, S. 119.
124 fr. 6: cf. S. Capelle, S. 192 f.

ihrem unablässigen Kampf lösen Sieg und Niederlage stets aufs Neue einander ab: »Bald kommt alles durch die Liebe in Eins zusammen, bald wieder scheiden sich alle Dinge voneinander durch den Haß des Streites – sofern nun auf diese Weise Eins aus Mehrerem zu werden pflegt und wieder aus der Spaltung des Einen Mehreres hervorgeht, insofern entstehen die Dinge und haben kein ewiges Leben; insofern aber ihr ewiger Wechsel niemals aufhört, insofern sind sie ewig unerschüttert im Kreislauf.«[125]

Der Übergang von Anaxagoras und Empedokles zum eigentlichen Materialismus liegt in der – mit allem Mythos brechenden – These, das die Dinge Bewegende sei weder Geist noch das Wechselspiel von Liebe und Streit, sondern wohne ihnen selbst inne. Das Weltgeschehen gehorche materieller Notwendigkeit, keiner ordnenden Kraft oder weisen Absicht. Die durch *Selbstbewegung* charakterisierte Materie wird so zu einem einheitlichen, daher logisch befriedigenden Erklärungsprinzip. Der von Demokrit von Abdera (460–371 v. Chr.), dem angeblichen Schüler des Leukipp von Milet (um 460 v. Chr.), begründete mechanische (oder physikalische) Materialismus ist bis zur Gegenwart dessen eine *Grundform* geblieben. Spätere Vertreter dieser Richtung haben, sachlich-philosophisch, der Konsequenz ihrer antiken Lehrmeister nur wenig hinzuzufügen vermocht. – Früh schon tritt Leukipps Leistung hinter die wesentlich umfassendere Lehr- und Forschungstätigkeit Demokrits zurück. Daher auch unsere geringe Kenntnis von Leukipp, dessen Schriften sich nur unter dem Namen Demokrits erhielten. Es ist deshalb nahezu unmöglich, beide Denker getrennt zu erörtern.

---

125 fr.17: ibid., S. 195.

Immerhin weisen die spärlichen Quellen Leukipp als den ersten Atomisten aus. Schon er lehrt, dass von der Realität des Seienden wie des Nichtseienden auszugehen ist. Jenes existiert unter der Form kleinster Materieteile, dieses unter der des leeren Raums. Die Atome sind massiv, nicht weiter zerlegbar und somit beständig. Ihre Zahl ist unbegrenzt, sie haben unendlich viele Formen und befinden sich in ewiger Bewegung. Sinnlicher Wahrnehmung bleiben sie entzogen. Die Dinge setzen sich aus Atomen zusammen, zwischen denen sich Hohlräume befinden. Dadurch unterliegen sie der zerstörerischen Einwirkung anderer Atome (oder Atomverbindungen) und lösen sich wieder auf in ihre Bestandteile. Die Dinge sind veränderlich, die Atome ewig. Der leere Raum, worin sie sich bewegen, erstreckt sich ins Unendliche; er enthält neben unserer Welt noch unendlich viele andere Welten, die – als zusammengesetzte Gebilde – entstehen und vergehen. – Auch vom Werk Demokrits, des größten Polyhistors der Antike, sind nur Bruchstücke überliefert. Doch sind wir über seine Philosophie insgesamt besser unterrichtet als über die des Leukipp. Aus nichts, lehrt Demokrit, wird nichts; nichts Seiendes kann vernichtet werden. Alle Veränderung ist Verbindung und Trennung von Teilen. Im Weltall existieren nur die Atome und der leere Raum; alles andere (Farbe, Geschmack, Geruch usf. wahrgenommener Dinge) ist Meinung. Alles geschieht nach dem Kausalgesetz (dessen blind-notwendiges Walten dem subjektiven Bewusstsein als Walten des *Zufalls* erscheint). Es gibt unendlich viele Atome von verschiedener Größe, Form und Schwere, aber gleicher Qualität. Infolge ihrer Fallbewegung kommt es dadurch, dass die größeren, schneller fallenden Atome auf die kleineren aufprallen, zu Seitenbewegungen und Wirbeln. Mit ihnen entstehen und vergehen unzählige Welten neben- wie nacheinander. Die Verschiedenheit der wahrnehmbaren Dinge beruht darauf, dass ihre Atome differieren nach Zahl, Größe, Gestalt, Lage und Ordnung. Die Atome haben keine »inneren Zustände«; sie wirken nur durch Druck und Stoß aufeinander ein[126]. Der Materialismus des Demokrit ist – wie der des Altertums überhaupt – *äquativ*: auch die Seele ist materiell, mithin sterblich. Die Atome, aus denen sie sich zusammensetzt, unterscheiden sich von den Körperatomen lediglich dadurch, dass sie fein, glatt, rund und feuerartig sind. Ihre rasche, den Körper durchdringende Bewegung bedingt nicht nur die Lebensfunktionen des Menschen, sondern aller organischen Gebilde. Demokrits Ethik, die mit seiner Naturlehre nur indirekt zusammenhängt, ordnet Nützliches der Lust, Schädliches der Unlust zu. Das dauerhafteste Glück besteht jedoch nicht in sinnlichem Genuss, sondern in heiterer Gemütsruhe, die durch Genügsamkeit und Herrschaft über die Begierden erreicht wird. Neben Äußerungen Demokrits, die auf einen »Kompromiß mit der Volksreligion«[127] schließen lassen, stehen andere, die den Glauben an Götter auf die rohen, durch Furcht von Naturmächten und Lebensnot bestimmten Anfänge der Kultur zurückführen[128]. – In hellenistischer Zeit setzt Epikur (342/41–271/70 v. Chr.) die durch Leukipp und Demokrit eingeleitete Tradition in systematischer Absicht fort. Als Sensualist hält auch er sich zunächst an die Wahrnehmung, deren unmittelbaren Gegenstand jedoch nicht die Dinge selbst bilden, sondern ihre (mit großer Geschwindigkeit) zum Sin-

126 Cf. Lange, S. 15-21.
127 Nestle, S. 58.
128 Cf. Iribadschakov, S. 41, 51 ff.

nesorgan gelangenden Ausflüsse und Abbilder (ειδώλα); Sache des Denkens ist es, aus ihnen die objektive Beschaffenheit der Dinge zu erschließen. Epikurs Ontologie modifiziert die des Demokrit in zwei Punkten. Zum einen erklärt er, die Zahl der Atomformen sei unbestimmbar groß, aber nicht unendlich. Von jeder einzelnen Form aber müsse es unendlich viele Atome geben. Nur so komme im unendlichen Raum eine Welt zustande. Zum anderen fügt Epikur den von Demokrit angenommenen Eigenschaften der Atome die Fähigkeit hinzu, auch ohne äußeren Grund von der vertikalen Fallrichtung um eine »kleinste« Winkelgröße abzuweichen. Ohne diese »Deklination« glaubt Epikur die Zusammenstöße der Atome, damit die Weltbildung nicht erklären zu können. Da die Atome im leeren Raum gleich schnell fallen, ist ihre Bewegung *willkürlich*. Sie wird weder von den Göttern oder einem Schicksal gelenkt noch unterliegt sie einem Zweck. Die Frage, ob Epikur (wie dies schon Lukrez, Cicero und Plutarch behaupten) mit der Aufnahme eines »spontanen« Faktors in die mechanische Weltansicht menschliche Willensfreiheit hat begründen wollen, lässt sich angesichts der Quellenlage nicht eindeutig beantworten[129]. Epikurs Physik dient unmittelbar seiner individualistischen Ethik. Diese zielt darauf ab, dem einzelnen den Weg zur größtmöglichen, ungetrübtesten und ruhigsten Daseinsfreude aufzuzeigen. Nach dem Vorbild Aristipps von Kyrene (435–355 v. Chr.) erblickt Epikur in der Lust (ηδονή) das erste, weil der menschlichen Natur zuträglichste Gut. Sie ist Richtschnur jeglichen Tuns und Unterlassens, das nach leiblicher Gesundheit und Seelenfrieden strebt.

129 Cf. Zeller, S. 259 f.

Nicht alle natürlichen Begierden (die Epikur von den eitlen, zivilisatorisch bedingten unterscheidet) befördern deshalb die Glückseligkeit des Menschen, der nur jenes Maßes an Lust bedarf, dessen Fehlen ihm Schmerz bereiten würde. »Es ist unmöglich«, lehrt Epikur, »lustvoll zu leben, wenn man nicht vernünftig, anständig und gerecht lebt. Umgekehrt kann man nicht vernünftig, anständig und gerecht leben, ohne lustvoll zu leben.«[130] Epikur feiert die Philosophie als Befreierin von Ängsten und abergläubischen Vorstellungen, die Glück und Gemütsruhe des Menschen stören. Sie entspringen einer falschen Interpretation der Natur. So sind die (feinstofflichen) Götter weit davon entfernt, durch Willkür und Laune den objektiven Gang der Dinge zu durchkreuzen. Sie bewohnen, in seliger Entrücktheit, die Zwischenwelten (Intermundien) und kümmern sich nicht um die Menschen. Furcht vor ihnen ist daher unbegründet. Auch die Sorge um das Schicksal im Hades umherirrender Seelen ist gegenstandslos. Es gibt kein individuelles Fortleben nach dem Zerfall des Organismus, dessen Bestandteile in andere Organismen eingehen. »Der Tod«, so lautet Epikurs Bescheid, »geht uns nichts an; denn was sich aufgelöst hat, ist ohne Empfindung; was aber ohne Empfindung ist, geht uns nichts an.«[131] Hieraus nun folgt für Epikur keine Aufforderung zu leichtfertigem Lebensgenuss. Da wir eine Ewigkeit nicht mehr sein werden, gewinnt das uns nur einmal gewährte Leben die Bedeutung einer ungeheuren moralischen Herausforderung[132]. – Das Verdienst, die epikureische Philosophie der römischen Spätantike erschlossen zu haben, gebührt

---

130 Griechische Atomisten, S. 323 f.

131 Ibid., S. 323.

132 Cf. ibid., S. 333.

Titus Lucretius Carus (97?–55 v. Chr.), dessen sprachlich meisterhaftes Lehrgedicht *de rerum natura* bis in die Neuzeit hinein gewirkt hat. Lukrez' Darstellung des atomistischen Weltbilds gilt als die umfassendste, die auf uns überkommen ist. Die gesamte Natur, heißt es hier, reduziert sich auf »Körper und Leeres«. Eine »dritte Wesenheit, die durch die Sinne oder das Denken je erfaßt werden könnte«[133], ist unmöglich. Die gegenüber Epikur schärferen religionskritischen Akzente[134] des Gedichts dürften zusammenhängen mit dem für die Kaiserzeit charakteristischen Anwachsen irrationalistischer Strömungen.

Materialistische Aspekte der stoischen Philosophie

Wie Epikur strebt auch die ältere, auf Zenon von Kition (etwa 336–264 v. Chr.) zurückgehende stoische Schule danach, individuellen Seelenfrieden durch eine wissenschaftlich begründete, einheitliche Welterklärung zu erreichen. Sie rekurriert dabei auf Heraklits Lehre vom Weltprozess, die sie in einen *pantheistischen* Naturalismus überführt. Die hier gemeinte Natur freilich, mit der im Einklang zu leben Pflicht des Weisen ist, stellt sich als schillernde Größe dar. Sie verkörpert allgemeine Gesetzlichkeit, aber – worauf Bloch hinweist – »im Doppelsinn des sowohl fatumhaften wie normativen, mechanischen wie teleologischen Naturgesetzes«[135]. Zeus, der in der schöpferischen Natur sich manifestierende Gott, ist beides: »der materialistische Kraftstoff des Feuers«

133 Ibid., S. 437; 438.
134 Cf. ibid., S. 427 f.
135 Ernst Bloch, *Materialismusproblem*, S. 147.

und »das idealistische Pneuma der Weltvernunft«[136]. Die Stoiker übertragen Heraklits Ineinssetzung von materieller Beschaffenheit und durchgängiger Gesetzmäßigkeit des Alls auf Aristoteles' Metaphysik, indem sie jeden Unterschied von Akt und Potenz leugnen. »Wirklich« nennen sie dasjenige, was tätig sein oder leiden kann. Da beides nach ihrer Lehre nur körperlichem Sein zukommt, betrachten sie auch das aktuierende, gestaltende Prinzip als materiell. Damit verschwindet der Gegensatz von Geist und Natur. Alles ist Natur; auch der »Geist« ist lediglich eine hauchartige Erscheinungsform der naturalen Wirklichkeit. – Die stoische Physik, die biologischem Denken, auch medizinischen Traditionen wesentliche Anstöße verdankt, stellt eine eigene Version materialistischer Philosophie dar. Sie setzt dem mechanischen und diskreten Naturbild der Atomisten ein dynamisch-vitalistisches entgegen, das die Wirklichkeit als ein (durch die Allgegenwart des feurig-luftigen Pneumas hervorgebrachtes) Kontinuum betrachtet. Stoische Motive spielen, häufig unerkannt, in der Geschichte des neuzeitlichen Materialismus nicht selten die Rolle eines Korrektivs seiner »physikalistischen« Einseitigkeiten. So wirkt bei Autoren noch des 18. Jh. die (mit Allmechanik kaum zu vereinbarende) Lehre der älteren Stoa von der *Wertbestimmtheit* der Natur nach. Wenn Holbach das Moralische aus dem Physischen ableitet und dieses zur ewigen Norm erhebt[137], so spiegelt sich darin die stoische Gleichsetzung von φύσις und λόγος, derzufolge der Weise »sein Recht und Maß aus der Natur holt und in ihr das einzige Gesetz findet«[138].

136 Ibid., S. 148.
137 Cf. Holbach, *System der Natur, S.* 549 ff.
138 Ernst Bloch, *Materialismusproblem*, S. 148.

Naturalistisch-pantheistische Strömungen im Mittelalter

Allgemeine Problemlage

Als umfassendes, durchgebildetes System bleibt Materialismus der mittelalterlichen Philosophie fremd. Soweit materialistisch deutbare Elementaraussagen auftauchen, geschieht dies zumeist auch dann im christlich-scholastischen Rahmen, wenn sie sich diesem widersetzen. Erst mit dem spätmittelalterlichen *Nominalismus*, nach Marx »der *erste Ausdruck* des Materialismus«[139], wird jener Rahmen bewusst überschritten. In Anbetracht der theologischen Voraussetzungen mittelalterlichen Philosophierens zieht die historische Forschung es neuerdings vor, als dessen Hauptrichtungen nicht Idealismus und Materialismus anzusehen, sondern *Spiritualismus* und *Naturalismus*[140]. Die Philosophen der Kirchenjahrhunderte lassen sich freilich diesen beiden Positionen nicht immer eindeutig zuordnen. Was den Naturalismus betrifft, der keine einheitliche Lehre bildet, sondern in mehrere oppositionelle Strömungen zerfällt, so ist

139 MEW 2, S. 135.

140 Cf. Wöhler, S. 8 f.

er durch folgende Momente gekennzeichnet: a) Der Mensch ist ein rationales Naturwesen; ein individuelles nachtodliches Fortleben ist ebenso unmöglich wie die (christlich verheißene) »Auferstehung der Toten«. b) Die Bedingtheit des Seelisch-Geistigen durch Körperlich-Gegenständliches wird grundsätzlich bejaht. c) Auszugehen ist von der prinzipiell erkennbaren Eigengesetzlichkeit des naturalen Seins. d) Als allgemeinmenschliche Erkenntnisarten gelten sinnliche Wahrnehmung, praktische Erfahrung, begriffliche Abstraktion und schlussfolgerndes Denken[141]. Diese Thesen setzen Varianten einer Weltansicht voraus, die nur mit Vorbehalt als »pantheisierend« oder »pantheistisch« gelten kann. Wohl erblickt die mittelalterliche Kirche in pantheistischen Tendenzen, vollends im Pantheismus selbst, die für sie bedrohlichste Häresie; zeugen sie doch vom (immer wieder aufflammenden) Protest des »natürlichen Lebens«[142] gegen seine seins- und wertmäßige Degradation. Es ist jedoch beim unbefriedigenden Stand der Forschung[143] im Einzelfall schwierig auszumachen, ob das (in der Literatur ohnehin anachronistisch verwendete) Prädikat »pantheistisch« das Selbstverständnis des betreffenden Denkers wiedergibt oder einen kirchlicherseits gegen ihn erhobenen Vorwurf oder Verdacht.

141 Cf. ibid., S. 9.
142 Dilthey, S. 101.
143 Cf. van Steenberghen, S. 83 ff.; 335 ff.

Problemgeschichtlich verweisen die naturalistischen Pantheismen des Mittelalters auf die mit Straton von Lampsakos (um 350–270 v. Chr.) anhebende (auch die stoische Physik beeinflussende) *heterodoxe* Auslegung des Aristoteles. Diese ebnet dessen Unterscheidung von Form und Materie ein und sucht die wirkende Kraft der Form in die Materie zu verlegen. Die von Straton begründete Traditionslinie – Bloch kennzeichnet sie als »aristotelische Linke«[144] – führt über Alexander von Aphrodisias (2.–3. Jh. n. Chr.), den ersten und bedeutendsten Exegeten des Aristoteles, zu arabisch-islamischen Aristotelikern von epochalem Rang wie Avicenna (Ibn Sina; 980–1037) und Averroës (Ibn Ruschd; 1126-1198), der im 13. Jh. als *der* Vermittler und Kommentator des Aristoteles gilt. Zu nennen sind ferner die jüdischen Philosophen Avicebron (Avencebrol; 1020/21–1069/70), der den Aristotelismus neuplatonisch umbildet, und Maimonides (1135–1204), der – ebenfalls auf aristotelischem Boden – die streng rationale Begründbarkeit der (die höchsten Wahrheiten enthaltenden) alttestamentlichen Gesetzesreligion fordert. – Von der Mitte des 12. bis zum Ende des 13. Jh. dringt, in mehreren Schüben, eine Flut wissenschaftlicher und philosophischer Literatur griechischer, arabischer und jüdischer Herkunft ein in die christliche, bisher durch Platon und Augustinus geprägte Geisteswelt. In Aristoteles' Empirismus tritt der lateinischen Theologie erstmals die Möglichkeit einer rein »naturalistisch(n) Weltsicht«[145] entgegen. 1255 nimmt die Pariser Artistenfakultät die 1210 und

144 Cf. Ernst Bloch, *Materialismusproblem*, S. 479 ff.

145 van Steenberghen, S. 84.

1231 verbotenen, für den Westen neuen Schriften des Aristoteles in ihr Lehrangebot auf. Es geht jetzt um die Aneignung nicht mehr nur, wie im 12. Jh., des Logikers, sondern des Metaphysikers und Naturphilosophen Aristoteles. Die Übersetzung seiner Werke ins Lateinische geht großenteils auf arabische Übersetzungen zurück, ihre *philosophische Rezeption* auf die von Michael Scotus (gest. etwa 1235) übersetzten Kommentare des Averroës. Angesichts der Vehemenz, mit welcher Aristoteles in den profanen Lehrbetrieb eindringt, der das theologische Studium vorbereiten soll, kommt es zwischen 1210 und 1263 wiederholt zu kirchlichen Warnungen, Einschränkungen und Verboten, die jedoch unbeachtet bleiben. Die Orthodoxie sucht sich der »heidnischen Infiltrationen des neuen Aristoteles«[146] zu erwehren. Albertus Magnus (1193 bzw. 1206/07–1280) und Thomas von Aquin (1225–1274) dagegen stellen sich der Herausforderung und überführen um die Mitte des 13. Jh. die aristotelische Wirklichkeitslehre in eine mit der christlichen Dogmatik verträgliche Weltansicht. Bedroht wird dieser (ebenso fragile wie kurzlebige) Ausgleich von *ratio* und *fides* in den sechziger Jahren durch den (seit Renan so bezeichneten) »lateinischen Averroismus«, eine radikale, von der Pariser Artistenfakultät ausgehende Geistesströmung. Ihre Verfechter stellen die mit der arabischen Interpretation des Aristoteles verbundene »Naturalisierung« seiner Philosophie als unausweichliche Konsequenz dar und bewegen sich damit »am Rande oder ... außerhalb der Orthodoxie«[147]. Die arabischen Aristoteliker empfehlen sich den »Averroisten« (wie sie kirchlicherseits, polemisch vereinfachend, genannt werden) durch ihr Bestre-

146 van Steenberghen, S. 97.
147 Flasch, S. 355.

ben, den klassisch-aristotelischen, ins Schöpfungstheologische übersetzbaren *Dualismus* von Form und Materie, Gott und Welt zu überwinden. Wohl bestimmt auch Avicenna die Form als aktuell, die Materie als potenziell existierend. Das ist jedoch für ihn insofern kein starres Schema, als beide Grundpole der Welt ineinander übergehen: »Das, was Materie genannt wird, kann auch Form heißen, und was Form heißt, kann auch Materie genannt werden.«[148] Damit verliert die Differenz von Form und Materie ihren idealistischen Akzent. Mit der wechselseitigen Beziehung von Form und Materie wird – ansatzweise – eine Evolution der Materie selbst anerkannt. Deutlicher noch spricht Averroës die *Einheit* von Form und Materie aus, wenn er diese zur »Ursache« von jener erklärt[149] und hervorhebt, dass beide ewig, unerschaffbar und unzerstörbar sind. Als Potenzialität, d.h. absolut erstes Substrat alles Seienden geht die Materie *zeitlich* dem voraus, was sie aktuell ist: »Körper, Seele oder Geist«[150]. Hierauf beruht ihre schöpferische Kraft, Formen aus sich heraus zu entwickeln. – Averroës naturalisiert Gott und vergöttlicht die Natur. Es ist davon auszugehen, dass dieser Pantheismus, durchsetzt von neuplatonischen Elementen, in den häretischen Lehren schon des ausgehenden 12. Jh. fortgewirkt hat[151]. Kirchliche Interdikte zeugen vom ersten Eindringen des Aristotelismus in Paris. Sie rügen »Verirrungen im Sinne des Pantheismus und Materialismus«[152]. 1210 werden Schüler des Theologen Amalrich von Bena (gest. 1205/07) verur-

148 Tisini, S. 75.
149 Ibid., S. 99.
150 Ibid.
151 Cf. van Steenberghen, S. 95.
152 Ibid., S. 99.

teilt, der im Anschluss an die wiederentdeckte Schrift *De divisione naturae* des Johannes Scotus Eriugena (810–877) ketzerchristliche Ansichten vertreten hatte, die auf einen »ausgeprägten Pantheismus«[153] hinausliefen. Alles ist Amalrich zufolge Eins, alles ist Gott; auch der damit vergeistigte, sündenfreie Mensch, der kraft eigener Erkenntnis auf kirchliche Heilsvermittlung verzichten kann. Die Paulusworte Eph 5, 30 und 1 Kor 12, 6 versteht Amalrich unmittelbar im Geist seiner mystisch-schwärmerischen Lehre[154]. – Über David von Dinant (gest. ca. 1209), der demselben geschichtlichen Kontext angehört wie Amalrich, ist wenig bekannt. Seine – 1215 verdammten – Schriften jedoch, die nach Alberts und Thomas' Urteil die aristotelische Philosophie diskreditieren[155], »bringen« um die Wende des 12. zum 13. Jh. »den vollständigsten materialistischen Pantheismus zum Ausdruck«[156]. David ist Naturforscher und Philosoph. Sein System fasst sich dahin zusammen, dass »*Deus et Hyle et mens una sola substantia sunt*«[157]. David setzt Gott gleich mit der *prima materia*, die er als schöpferische, kraftbegabte Substanz interpretiert. In Gott fließen die drei Teile der Welt: Seelen, Leiber und Einzelkörper zu unterschiedsloser Einheit zusammen. Davids Begriff einer universalen, mit dem νοῦς an sich identischen Materie[158] ebnet nicht nur Bruno und Spinoza den Weg, sondern auch den naturalistischen Materialismen des 17. und 18. Jh. – Die 1270 und 1277 von

153 De Wulf, S. 180.
154 Cf. Grundmann, G44.
155 Cf. van Steenberghen, S. 91 f.
156 De Wulf, S. 181.
157 Ueberweg, S. 252.
158 Cf. ibid.

Pariser Synoden ausgesprochenen Verurteilungen gelten averroistischen »*errores*«, wie sie vor allem von Siger von Brabant (um 1240–nach 1282) und Boethius von Dacien (gest. 1284) verfochten werden[159]. Ihre Ansichten sind uns nahezu ausschließlich in der thesenhaften, polemisch zugespitzten Form bekannt, die auf Bischof Tempier zurückgeht[160] Offenbar haben Siger, Boethius und ihre Mitstreiter, ohne sich persönlich vom Glauben abzuwenden, gegenüber der Theologie in philosophischen Fragen die *methodische* Selbstständigkeit natürlicher Erkenntnismittel energisch hervorgehoben. Philosophie wurde damit noch nicht zur höchsten Instanz auch in Glaubensdingen, aber es lag, zumal für Thomas, in dieser rationalistischen Betonung der Autonomie des Denkens *prinzipiell* die (als Konsequenz unausgesprochen bleibende) Möglichkeit einer »doppelten Wahrheit«, d. h. einer Dissonanz philosophischer und theologischer Aussagen hinsichtlich desselben Gegenstands[161]. Mit der Emanzipation vernünftigen Erkennens von dogmatischen Voraussetzungen eröffnet sich den radikalen Aristotelikern die Perspektive eines (angesichts des Reichtums der *Natur*) unabschließbaren Forschungsprozesses. Ohne dass damit Theologie ausdrücklich verneint würde, tritt sie zurück gegenüber der Fülle des jetzt verfügbaren Sachwissens. Das erklärt die Schärfe der antiaverroistischen Dekrete von 1270 und 1277. Sie verwerfen die Lehre von der Ewigkeit der Welt und ihrer Bewegung sowie die These von der *Einheit* des Intellekts (*intellectus agens*) in allen Menschen. Der »Mono-

159 Cf. Wöhler, S. 118 ff.
160 Cf. Ley, S. 293 ff.
161 Cf. Flasch, S. 356 f.

psychismus« schien Unsterblichkeit nur der Gattung zuzusprechen und die scholastische Doktrin einer *individuellen*, im Jenseits Lohn oder Strafe empfangenden Seele zu gefährden[162].

162 Cf. Flasch, S. 359; De Wulf, S. 341 f. – Anmerkung der Herausgeber: Leider hatte Alfred Schmidt die Studie von Kurt Flasch, *Aufklärung im Mittelalter?* (Kurt Flasch, *Aufklärung im Mittelalter? Die Verurteilung von 1277, Das Dokument des Bischofs von Paris*, übersetzt und erklärt von Kurt Flasch, Dieterich'sche Verlagsbuchhandlung, Mainz 1989) nicht rezipiert. Die genauere Betrachtung der 1277 verbotenen Thesen der Pariser Magister zeigt, dass sich zum Teil starke epikurische Elemente darunter befinden. So etwa: »Der Mensch folgt in allen seinen Handlungen dem Begehren, und zwar immer dem stärkeren.« (Kurt Flasch, *Aufklärung im Mittelalter?*, S. 224.) Für den Bischof von Paris waren diese Thesen wie auch zahlreiche naturalistisch-deterministische Thesen der neu-aristotelischen Schule eine Einschränkung der Allmacht Gottes. Die 219 Thesen der jungen Pariser Magister sind zum großen Teil eine Einsprache gegen die allein auf Autorität und kirchlicher Macht gegründete Metaphysik der Natur und deren Abwehr des Natürlichen.

Neuansätze materialistischen Denkens im 16. und 17. Jahrhundert

Naturbeherrschung und Naturenthusiasmus

Bildet der antike Materialismus angesichts eines menschlichem Eingriff entzogenen Weltgetriebes individuelle, auf Seelenruhe abzielende Praktiken aus, so sind die Wegbereiter des modernen Materialismus bestrebt, die wissenschaftliche Erkenntnis der Natur in den Dienst ihrer realen Beherrschung zu stellen. Daher ihre Abkehr vom scholastisch-deduktiven Denken und ihre Hinwendung zu sinnlicher Erfahrung, Beobachtung und Experiment. – Francis Bacon (1561–1626), nach Marx »Stammvater des englischen Materialismus und aller modernen experimentierenden Wissenschaft«[163], erblickt seine Aufgabe darin, »beobachtende Naturgeschichte« zur »Grundlage der Philosophie«[164] zu erheben. Als Herold einer neuen, durch Technik und Industrie bestimmten Zeit verfolgt Bacon entschieden praktische Ziele: »Wissen und menschliches Können ergänzen sich insofern, als ja Unkenntnis der Ursache die Wirkung verfehlen

163 MEW 2, S. 135.
164 Bacon, S. 18.

läßt. Die Natur nämlich läßt sich nur durch Gehorsam bändigen; was bei der Betrachtung als Ursache erfaßt ist, dient bei der Ausführung als Regel.«[165] Wohl ist induktiv erlangtes Wissen im Idealfall »das Abbild des Seins«[166]. Dem menschlichen Geist ist jedoch seiner ursprünglichen wie historisch erworbenen Beschaffenheit nach nicht zu trauen, wenn er sinnliche Eindrücke von den Dingen empfängt, weil er beim Bilden von Begriffen »seine eigene Natur mit der Natur der Dinge vermengt«[167]. Da aber Herrschaft des Menschen über die Natur deren sachgemäße »Interpretation«[168] voraussetzt, gilt es zunächst, jene den erkennenden Geist beeinträchtigenden Faktoren zu ermitteln, die Bacon Trugbilder oder Idole nennt. Vier Arten solcher Idole engen Bacon zufolge den Verstand ein, indem sie ihn zum »unebene(n) Spiegel« machen, der »die Strahlen der Dinge entsprechend seiner eigenen Gestalt ... verändert«[169]: die rein gattungsmäßig bedingten Idole des Stammes, die vielfältig individuell vermittelten Idole der Höhle, die durch sprachlich-gesellschaftliche Kommunikation entstehenden Idole des Marktes und die auf der Autorität tradierter Lehrmeinungen beruhenden Idole des Theaters[170]. Bacons Idolenlehre wird bei Helvétius und Holbach, politisch-interessenpsychologisch gewendet, zur Theorie der Vorurteile, die dann bei Marx als Ideologiekritik wiederkehrt. Mit ihrer sprachkritischen Behandlung der Metaphysik nimmt die Idolenlehre ein Bewusstsein vorweg,

165 Ibid., S. 41.
166 Ibid., S. 125.
167 Ibid., S. 24 f.
168 Ibid., S. 41.
169 Ibid., S. 24.
170 Cf. ibid., S. 51 ff.

dessen Implikationen teilweise erst im 20. Jh. sichtbar werden. – Bei allen ihm von Marx nachgesagten »theologischen Inkonsequenzen«[171] hält Bacon Theologie und Philosophie scharf auseinander. Sein Gewährsmann ist Demokrit, dessen atomistische Schule tiefer als jede andere in die Natur eingedrungen sei. Ob in ihr Zwecke walten, bleibt für Bacon unausgemacht; der empirische Forscher orientiert sich allein an Wirkursachen[172]. Andererseits geht Bacons Methodologie, obwohl frühbürgerlich-imperialen Geistes, noch nicht einher mit den Mängeln eines ausschließlich mathematisch-mechanistischen Weltbildes. Darauf weist Marx, aus seiner Perspektive, nachdrücklich hin: »In Baco ... birgt der Materialismus noch auf naive Weise die Keime einer allseitigen Entwicklung in sich. Die Materie lacht in poetisch-sinnlichem Glanze den ganzen Menschen an. ... Unter den der Materie eingeborenen Eigenschaften ist die Bewegung die erste und vorzüglichste, nicht nur als mechanische und mathematische, sondern mehr noch als Trieb, Lebensgeist, Spannkraft, als Qual – um den Ausdruck Jakob Böhmes zu gebrauchen – der Materie.«[173] – Stärker noch tritt diese von Marx gerühmte »Renaissance-Dimension der Materie«[174] hervor bei Giordano Bruno (1548–1600), dem enthusiastischen Verkünder einer weltfrommen, daseinstrunkenen Philosophie. Der häretische Dominikaner übersetzt, auch den Fixsternhimmel noch sprengend, die kopernikanische Astronomie in eine dichterische Feier des unendlichen Universums. Er rekurriert auf die ionischen Naturphilosophen

171 MEW 2, S. 136.

172 Cf. Bacon, S. 58, 60, 71.

173 MEW 2, S. 135.

174 Ernst Bloch, *Materialismusproblem*, S. 518.

und verknüpft deren Lehre vom All-Einen mit hermetischen und neuplatonisch-mystischen Elementen. Vor allem aber vollendet er die von Straton bis zu den Amerikanern reichende »Naturalisierung« des Aristoteles[175]: »Wir sehen, daß alle Formen der Natur aus der Materie entspringen und auch wieder in sie zurückkehren; daher scheint es ... nichts zu geben, was ... ewig und als Prinzip zu gelten würdig wäre, außer der Materie. ... Darum finden sich auch unter denjenigen, die das Wesen der Naturformen wohl durchdacht haben, ... solche, die zuletzt die Schlußfolgerung gezogen haben, daß die Formen nur Akzidentien und Bestimmungen der Materie sind, so daß das Vorrecht, als Aktus und Entelechie zu gelten, nur der Materie zuerkannt werden darf und nichts anderem, von dem wir ... weder sagen können, daß es Substanz, noch, daß es Natur sei, sondern nur, daß es an der Substanz und an der Natur hervortritt. Diese selbst erklären sie zur Materie, die bei ihnen als notwendiges, ewiges und göttliches Prinzip gilt, wie bei jenem Mauren Avicebron, der sie den in allem waltenden Gott nennt.«[176] Materie ist keine »Jauchegrube chemischer Stoffe«[177], sondern ein gebärender Schoß, Inbegriff des real Möglichen wie der Potenz, es zu verwirklichen. Sie ist beides: natura naturans und natura naturata. Die schöpferische »Mutter-Natur«[178] liegt als begründend Erstes aller auf die Veränderlichkeit der Dinge bezogenen Unterscheidung von »geistigem« und »körperlichem« Sein voraus; hinsichtlich ihrer Ewigkeit dagegen erscheint sie

175 Ernst Bloch, *Das Prinzip Hoffnung*, cf. S. 996.
176 Bruno, *Ursache*, S. 91.
177 Bruno, Werke 6, S. 127.
178 Ibid.

nur »unter einer Wirklichkeitsform«[179]. Während sein Zeitgenosse Galilei, den Demokritismus erneuernd, eine Methodologie exakter Naturforschung entwirft, die darauf abzielt, die Sinnesqualitäten der Dinge auf quantifizierbare Relationen zu reduzieren[180], anerkennt Bruno innerhalb der Einheit

179 Bruno, *Ursache*, S. 116.

180 Anmerkung der Herausgeber: An dieser Stelle orientiert sich Schmidt zu sehr an Blochs Darstellung und bleibt einem Ressentiment gegenüber mathematisch verfahrender Naturwissenschaft verhaftet. Wenngleich Galilei die Metapher: »Das Buch der Natur ist in der Sprache der Mathematik geschrieben« (cf. im Original: Galileo Galilei, *Il Saggiatore* (1623), Edition Nazionale, Bd. 6, Florenz 1896, S. 232), gegen die buchstäbliche Auslegung biblischer Wahrheiten erfolgreich in die Welt setzt, so zeigen vor allem neuere Studien, dass der Grund seiner Verurteilung in der Verwendung materialistischer Erklärungen aristotelischer Akzidentien zu sehen ist. Zudem ist sein revolutionäres Werk *Il Saggiatore* in erster Linie ein stilistisches Meisterwerk, das in der Darstellung naturphilosophischer Theorien eine neue Sprache verwendet, die sich weder an aristotelischer Scholastik noch an formaler Mathematik (oder Geometrie) orientiert. Die Anzeige beim Heiligen Offizium, die zur endgültigen Verurteilung Galileis führte, hatte nichts mit mathematischen Überlegungen zu tun. Sie war eine handfeste Denunziation des materialistischen Denkens Galileis. Der anonyme, philosophisch beschlagene Denunziant »benutzte zwei Werke des Aristoteles – *Über den Himmel* und die *Physik* –, um zu suggerieren, daß die Doktrin des Saggiatore aus dem substantialistischen, also materialistischen Atomismus des Anaxagoras oder auch – als Alternative – aus der Theorie der figurierten Atome von Demokrit abgeleitet sei. … Die Anzeige schätzte die Konsequenzen ein, die sich aus der ersten Möglichkeit ergaben. Diese stützte sich auf eine einzige Zeile des Saggiatore …, wo Galilei im Zusammenhang mit den Partikeln tatsächlich von ›Der Materie dieser Körper‹ gesprochen hatte.« (Pietro Redondi, *Galilei – der Ketzer*, dtv, München 1989, übersetzt von Ulrich Hausmann, S. 167.) Mit Galileis Materialismus war die aristotelische Lehre der Transsubstantiation, die die katholische Eucharistie erklären sollte, vollkommen unvereinbar. Nach Redondi ist die materialistische Überwindung der Transsubstantiation der eigentliche Grund der Verurteilung Galileis gewesen; sein

der Natur qualitative Formunterschiede. Die kosmisch-entgrenzte Natur seines pantheistischen Materialismus ist abgesetzt gegen den Menschen, mit dem sie jedoch, unter seinem Renaissance-Bild erscheinend, versöhnbar bleibt[181].

Materialismus als totalisierte Mechanik

Der eigentliche Bruch mit dem mittelalterlichen Weltbild erfolgt erst im 17. Jh. Eine neue, an der längst eigenständigen Wissenschaft orientierte Philosophie spricht der Kirche immer entschiedener das Recht ab, in Fragen der Naturerkenntnis zu intervenieren. Gleichwohl bleibt es einem katholischen Geistlichen, Pierre Gassendi (1592–1655), vorbehalten, den epikureischen Atomismus zeitgemäß zu erneuern. Gassendi verteidigt die jahrhundertelang verpönte Lehre Epikurs gegen die cartesianische Gleichsetzung der Materie mit dem räumlichen Kontinuum wie gegen die scholastische Metaphysik, deren Kategorien er durch messbare Größen ersetzt. Druck und Stoß kleinster, in Ortsveränderung befindlicher, sich trennender und vereinigender Stoffteilchen erklären alles natürliche Geschehen. Wenn Gassendi von Gott als erster Ursache spricht und statt der (aus Atomen bestehenden) Seele dem Geist Unsterblichkeit zubilligt, so bleiben solche Konzessionen an die Religion sei-

---

Kopernikanismus nur vorgeschoben, um Galilei, dem Freund des Papstes, das Schicksal Giordano Brunos ersparen zu können. (»Der Saggiatore wurde überhaupt nicht wegen Kopernikanismus angezeigt, sondern wegen seiner atomistischen Lehren.« Ibid., S. 170)

181 Ernst Bloch, *Das Prinzip Hoffnung*, cf. S. 996.

nen wissenschaftlichen Überlegungen äußerlich[182]. – René Descartes (1596–1650) gehört nur insofern in die Geschichte des Materialismus, als er seine dualistische Metaphysik scharf von seiner Physik trennt. Innerhalb dieser erlangt, wie Marx hervorhebt, die Materie »selbstschöpferische Kraft« und tritt auf als »einzige *Substanz*«, als der einzige Grund des Seins ... und Erkennens«[183]. Sie ist das kontinuierlich den Raum Erfüllende: *res extensa*, Inbegriff mathematisch bestimmter Dinge, deren Dasein abhängt von Gott, nicht aber von der *res cogitans*, dem erkennenden Subjekt. Indem Descartes Materie und Ausdehnung identifiziert, verschwinden mit dem leeren Raum die Atome; korpuskular ist auch seine Physik noch insofern, als sie die Welt aus der Kombination und Bewegung unendlich teilbarer Partikel hervorgehen lässt. Schon bei Descartes tritt die (das neuzeitliche Denken insgesamt kennzeichnende) Tendenz hervor, komplexe Sachverhalte auf elementare zu *reduzieren*. Wohl verwendet Descartes Begriffe wie Maschine und Automat, um die Eigenart des Tieres abzugrenzen vom spezifisch Menschlichen, wozu eine zu leibfreiem Denken befähigte Seele gehört. Aber er ist von der sich durchsetzenden »Mechanisierung des Weltbildes«[184] so beeindruckt, dass er bei seinen physiologischen Studien vom Modell einer dem menschlichen Körper ähnlichen *Maschine* ausgeht, deren Leistungen ganz auf den Eigenschaften ihrer materiellen Teile beruhen und deren Lebensfunktionen (Atmung, Ernährung etc.) allein vom Bau ihrer Organe abhängen[185]. Descartes' »sektorieller« Materia-

---

182 Lange, cf. S. 243 f.

183 MEW 2, S. 133.

184 Dijksterhuis, cf. S. 451 ff.

185 *Über den Menschen*, cf. S. 33; 44.

lismus[186], der auch die belebte Natur den Gesetzen der unbelebten unterworfen sieht, begründet eine ihn durch Konsequenz überbietende Schule materialistischer Ärzte. Sie beginnt mit Henricus Regius (1598–1679), der die cartesianische Konstruktion des Tieres auf den Menschen überträgt und dessen Seele zum Modus des Körpers herabsetzt[187]. – Thomas Hobbes (1588–1679) ist der klassische Materialist des 17. Jh. Er systematisiert, wissenschaftlich auf der Höhe seiner Zeit, den empiristischen Denkansatz Bacons. Philosophie hat ihm zufolge die seit Galilei physikalisch verbindlichen Prinzipien in *sämtlichen* Seinsbereichen durchzusetzen. Ihr ontologisches Postulat besagt: es gibt nur *Körper*. »Die Welt«, erklärt Hobbes, »ist ... ein Körper ... und besitzt die Dimensionen der Größe, nämlich Länge, Breite und Tiefe. Auch ist jeder Teil eines Körpers gleichermaßen Körper und besitzt dieselben Dimensionen, und folglich ist jeder Teil des Universums Körper, und was nicht Körper ist, ist kein Teil des Universums. Und da das Universum Alles ist, ist das, was kein Teil von ihm ist, *Nichts*, und folglich *nirgends*.«[188] Was immer geschieht, beruht auf der Physik bewegter Körper. Damit aber »verliert«, wie Marx kritisch anmerkt, »die Sinnlichkeit ihre Blume und wird zur abstrakten Sinnlichkeit des *Geometers*«. Hobbes opfert die »*physische* Bewegung ... der *mechanischen* oder *mathematischen*« auf. Sein Materialismus ist »*einseitig*« und »*menschenfeindlich*«[189]. Andererseits hat die Konsequenz, mit der Hobbes eine abschließende Erkenntnis des Weltganzen zu erreichen sucht, selbst Gegner beein-

186 Olivier Bloch, *Le matérialisme*, cf. S. 61.
187 MEW 2, cf. S. 133.
188 Hobbes, *Leviathan*, S. 512 f.
189 MEW 2, S. 136.

druckt. Da rein mechanische Vorgänge auch die organischen und politisch-sozialen Sachverhalte erklären sollen, betrachtet Hobbes Physiologie, Anthropologie und Staatstheorie als (komplexere) Teilgebiete der Lehre vom Körper. »Denn«, so fragt er, »was ist das *Herz*, wenn nicht eine *Feder*, was sind die *Nerven*, wenn nicht viele *Stränge*, und was die *Gelenke*, wenn nicht viele *Räder*, die den ganzen Körper ... in Bewegung setzen ...?«[190] Wie das Funktionieren einer Maschine sich nur erfassen lässt, wenn man sie zerlegt und ihre Teile für sich untersucht, so erfordert auch das Studium des künstlichen, als Staat bezeichneten Körpers Einsicht in die Beschaffenheit der Menschen, aus denen er sich zusammensetzt. Dabei geht Hobbes von der – introspektiv erschließbaren – »Ähnlichkeit von *Leidenschaften*« aus, »welche bei allen Menschen dieselben sind – *Verlangen, Furcht, Hoffnung*«. Da deren Objekte individuell verschieden und deshalb schwer erkennbar sind, »(können) die Inschriften des menschlichen Herzens, befleckt und durcheinander wie sie durch Heucheln, Lügen, Nachahmen und Irrlehren sind, nur von demjenigen gelesen werden ..., der die Herzen erforscht«[191]. Diesem Zweck dient Hobbes' Anthropologie, die nüchtern genug ist, im Menschen die »tödliche Bedrohung für seinesgleichen«[192] zu erblicken. Der Furcht vor einem gewaltsamen Tod entspricht das Streben (*conatus*) der Individuen nach Selbsterhaltung und langfristig sichergestelltem Lustgewinn. Hobbes verwirft den antiken Gedanken eines höchsten, im Seelenfrieden liegenden Gutes. Er hält »ein fortwährendes und rastlo-

190 *Leviathan*, S. 5.
191 Ibid., S. 6.
192 Willms, S. 80.

ses Verlangen nach immer neuer Macht«[193] für den allgemeinen, erst mit dem Tod erlöschenden Trieb der Menschheit. Das bedeutet insofern keinen moralischen Tadel, als für Hobbes die willentlichen Handlungen eines jeden nach dem *ius naturale* allein auf dessen Wohlergehen abzielen können[194]. In einer Welt knapper Güter und fortwährenden Wettstreits fühlt nur der Rivalen (körperlich oder intellektuell) Überlegene sich seiner Habe einigermaßen sicher. Doch auch er ist auf Dauer gegen Bündnisse und Anschläge der Schwächeren nicht gefeit. Diese Situation permanenter Unsicherheit kennzeichnet freilich nur den von Hobbes theoretisch vorausgesetzten *Naturzustand*, wo es keine staatliche, Frieden erzwingende Autorität gibt und »alle Menschen ... ein Recht auf alle Dinge«[195] haben. Obwohl Hobbes bemüht ist, den dadurch verursachten (bald latenten, bald offenen) »Krieg eines jeden gegen jeden«[196] logisch abzuleiten aus einer unveränderlichen Struktur menschlicher Leidenschaften, kann seine Sozialphilosophie ihren geschichtlichen Hintergrund nicht verleugnen. Hobbes' Naturzustand, so Fetscher, enthält »die hypothetische Kombination der hochzivilisierten zeitgenössischen Individuen mit politischer Herrschaftslosigkeit, eine konstruktive Übersteigerung dessen, was im englischen Bürgerkrieg tatsächlich sich ereignet hatte«[197]. Im Naturzustand darf der Mensch alles tun, was er hinsichtlich seiner gegenwärtigen oder künftigen Sicherheit für nützlich hält. Aber es fehlt hier

193 Ibid., S. 65.
194 Ibid., cf. S. 99, 101.
195 Ibid., S. 273.
196 Ibid., S. 96.
197 Ibid., XXII; cf. auch Ueberweg, ed. Schobinger, S. 148 f.

jeglicher zivilisatorische Fortschritt; »das menschliche Leben ist einsam, armselig, ekelhaft, tierisch und kurz«[198]. Kategorien wie Recht und Unrecht, Gerechtigkeit und Ungerechtigkeit sind dem Naturzustand ebenso fremd wie »ein bestimmtes *Mein* und *Dein*«[199]. Den aus der elenden Lage, in die »reine Natur«[200] den Menschen versetzt, herausführenden Weg weisen seine stärksten, die Vernunft in ihren Dienst stellenden Leidenschaften: Todesfurcht, die Begierde nach Dingen, die ein angenehmes Leben ermöglichen, und die Hoffnung, sie durch Fleiß erwerben zu können[201]. Darin von den klassischen (und späteren) Naturrechtslehrern abweichend, bestreitet Hobbes, dass der Mensch allein als *animal rationale* Frieden und Gerechtigkeit herbeiführen könne. Seine Vernunft bleibt instrumentell. Sie kann jedoch »natürliche Gesetze« (*laws of nature*) formulieren, die – im Einklang mit den naturrechtlich verbürgten Egoismen – moralisch dazu verpflichten, »etwas zu tun oder zu unterlassen«[202]. An erster Stelle nennt Hobbes das *Streben nach Frieden,* aus dem sich für jedes Individuum die (ethisch entscheidende) Vorschrift ergibt, auf die (virtuell) unbegrenzte Reichweite seines natürlichen Rechts zu verzichten und sich gegenüber anderen mit so viel (begrenztem) Recht zu begnügen wie diese ihm einzuräumen bereit sind[203]. Hobbes' Konzeption ist moralisch und pragmatisch zugleich. Die Einhaltung der »natürlichen Gesetze« dient allgemeinem Frieden wie dieser individuellem

198 *Leviathan*, S. 96.
199 Ibid., S. 98.
200 Ibid.
201 Cf. ibid.
202 Ibid., S. 99.
203 Ibid., cf. S. 99 ff.

Überleben[204]. Hieraus erwächst der Entschluss, eine dauerhafte Friedensordnung zu stiften. Das kann, wie Hobbes heuristisch unterstellt, angesichts ursprünglicher Ungeselligkeit der Menschen, nur in *vertraglicher Form* geschehen. Diese bleibt unzulänglich, weil sie das wechselseitige, mit der Pflicht individueller Selbsterhaltung einhergehende Misstrauen nicht beseitigt. Die »natürlichen Gesetze«, betont Hobbes, »sind ... ohne die Furcht vor einer Macht, die ihre Befolgung veranlaßt, unseren natürlichen Leidenschaften entgegengesetzt. ... Und Verträge ohne das Schwert sind bloße Worte und besitzen nicht die Kraft, einem Menschen auch nur die geringste Sicherheit zu bieten.«[205] Da jeder Vertrag *künstlich* ist, bedarf es, um der »Übereinstimmung« der Menschen Festigkeit zu verleihen, einer zusätzlichen »Gewalt, die sie im Zaum halten und ihre Handlungen auf das Gemeinwohl hinlenken soll«[206]. Diese Gewalt ist der Staat, eine »zur Person vereinte Menge«[207]. Auch er entsteht auf vertraglicher Grundlage, und zwar so, dass die unabhängigen einzelnen ihre gesamte »Macht und Stärke auf einen Menschen oder eine Versammlung von Menschen« übertragen, »die ihre Einzelwillen durch Stimmenmehrheit auf einen Willen reduzieren können«[208]. Jeder kommt mit jedem anderen darin überein, fortan einer *dritten*, vertraglich ungebundenen *Instanz* absoluten Gehorsam zu leisten. Der so entstehende, einer *Maschine* vergleichbare Staat bewahrt die Privatinteressen verfolgenden Individuen vor Schaden.

204 Ueberweg, ed. Schobinger, cf. S. 150.
205 *Leviathan*, S. 131.
206 Ibid., S. 134.
207 Ibid.
208 Ibid.

Andererseits ist er, einmal entstanden, unanfechtbar souverän. Die Individuen können seiner Gewalt gegenüber keine Rechte einklagen. Sie müssen akzeptieren, was immer die souveräne Person oder Versammlung im Interesse des allgemeinen Friedens beschließt. Recht ist, was der Staat erlaubt, Unrecht, was er verbietet. Hobbes zögert nicht, diese (den Rechtspositivismus vorwegnehmende) Auffassung auch kirchenpolitisch zu verfechten: »*Furcht* vor einer unsichtbaren Gewalt, die vom Geist erdichtet oder auf Grund öffentlich zugelassener Erzählungen eingebildet ist, ist *Religion*; sind sie nicht zugelassen, *Aberglaube.*«[209] Trugen solche Äußerungen Hobbes im Urteil seiner Zeitgenossen den Ruf ausgemachter Gottlosigkeit ein, so wird heute die Mehrdeutigkeit seines Verhältnisses zur Religion hervorgehoben. Sie reicht vom methodischen Atheismus bis zu erstaunlich positiven Einschätzungen des Christentums[210], die freilich eine scharfe Trennung der Sphären voraussetzen. So schließt Hobbes von der Philosophie die »Lehre von der Verehrung Gottes« aus, »da wir von ihr nicht durch die natürliche Vernunft, sondern durch die Autorität der Kirche wissen und sie Gegenstand des Glaubens, nicht der Wissenschaft ist«[211]. Die Frage der Beschaffenheit des »Ewigen und Unendlichen« ist wie die nach dem »Anfang der Welt«[212] philosophisch nicht entscheidbar. Dieser *neutralen* bis *agnostischen* Stellungnahme widerspricht es, wenn Hobbes anderswo versucht, den Glauben an »unsichtbare und übernatürliche Mächte«[213] *genetisch*

209 Ibid., S. 44.
210 Ibid., cf. S. 457; 491.
211 Hobbes, *Grundzüge* 1, S. 12.
212 Ibid., S. 152.
213 *Leviathan*, S. 90.

zu erklären. Religion wurzelt in der kreatürlichen Schwäche des Menschen. Ihre »ersten Keime«[214] liegen in erdichteten Geistern, der Unkenntnis kausaler Zusammenhänge, der Verehrung dessen, was Furcht einflößt, sowie darin, dass zufällige Ereignisse für Vorzeichen gehalten werden[215]. Die religionspsychologische Analyse bildet jedoch für Hobbes nur Vorstufe einer *natürlichen Theologie*, die auf »eigenem Nachdenken«[216] beruht und einen »ersten Beweger«, eine »erste und ewige Ursache aller Dinge«[217] anerkennt. Den *Pantheismus* setzt Hobbes folgerichtig mit *Atheismus* gleich. Wer erklärt, »die Welt sei Gott«, behauptet, »sie habe keine Ursache, das heißt, es gibt keinen Gott«[218]. Die Annahme eines »einzigen, unendlichen, allmächtigen und ewigen Gottes«[219] erklärt nicht, was er *ist*, sondern umschreibt unsere Demut und die Bereitschaft, »ihn nach Kräften zu verehren«[220]. Wer die Welt wissenschaftlich erforscht, begreift – innerhalb der Grenzen seiner Endlichkeit –, dass sie einen Urheber haben muss. Da Gott keine äußere, uns Empfindungen liefernde Realität ist, besitzen wir »keine seiner Natur entsprechende Idee«[221]. Deshalb auch Hobbes' Vorbehalt hinsichtlich der (oft genug fantastischen) Verwendung des Begriffs »übernatürliche Offenbarung«: »Es können einem Menschen viele Dinge offenbart werden, die die natürliche Vernunft über-

214 Ibid.
215 Ibid., cf. S. 85.
216 Ibid., S. 84.
217 Ibid., S. 83.
218 Ibid., S. 276.
219 Ibid., S. 84.
220 Ibid., S. 278.
221 Ibid., S. 80.

steigen, aber nichts, was ihr widerspricht.«[222] So betrachtet Hobbes auch die Bibel. Ihr lassen sich, »ohne Schwärmerei und übernatürliche Eingebung«, durch kluge Interpretation und korrekte Schlüsse »alle Regeln und Vorschriften« entnehmen, die zur Kenntnis unserer Pflicht gegen Gott und die Menschen nötig sind«[223]. Da die Schrift auch hinsichtlich unseres ewigen Heils die maßgebliche »Anweisung« enthält, »(dürfen) die Gewissen nicht mit mehr Glaubenslehren beschwert werden ... , als zur Erlangung der Seligkeit erforderlich sind«[224]. Hobbes denkt hier an die (der Staatsgewalt sich widersetzende) mit geistlicher Herrschsucht einhergehende Theologie. Besonders verhasst ist ihm der presbyterianische und katholische Klerus, den er finsterer Machenschaften bezichtigt. Bestrebt, die Menschen dieser Welt ihrer Herrschaft zu unterwerfen, versuchen die Priester, »durch *dunkle und irrige Lehren* das Licht der Natur und des Evangeliums auszulöschen, um die Menschen von der Vorbereitung auf das künftige Reich Gottes abzuhalten«[225]. Die folgenreichste dieser dem Eigennutz der Geistlichkeit dienenden Irrlehren ist die Behauptung, die gegenwärtige Kirche sei das Reich Christi[226]. Aus ihr ergibt sich die Notwendigkeit eines Papstes als des Stellvertreters Gottes auf Erden. Hobbes, der es versteht, bibelkundig zu argumentieren, weist den theologischen Autoren Fehldeutungen der Schrift nach. Er kritisiert die Geisterlehre als Relikt heidnischer Religionen[227] und die

222 Ibid., S. 90; 91.
223 Ibid., S. 289.
224 Ibid., S. 534.
225 Ibid., S. 463.
226 Ibid., cf. S. 465.
227 Cf. ibid., S. 487 ff.

Identifikation der Seele mit »einer vom Leib getrennten Existenz«[228]. Für besonders verwerflich hält Hobbes jene schlechte Metaphysik, die mit Aristoteles bloße Wörter (oder Namen) in Dinge verwandelt und versichert, es gebe »gewisse vom Körper getrennte Essenzen«[229]. Hobbes' zwischen anglikanisch verstandener Christlichkeit und frühem Deismus changierende Religionsphilosophie wirft die Frage auf, ob seine materialistische *Körperlehre* auch auf Gott übertragbar sei. Angesichts der für Hobbes offenkundigen Unmöglichkeit, den Welturheber als *körperlosen Geist* zu definieren[230], zieht er es vor zuzugeben, dass wir nicht verstehen, »*was er ist*, sondern nur, *daß er ist*«[231]. Wird Gott als unkörperliche, rein geistige Substanz bezeichnet, so kann sich darin Hobbes zufolge bloß die fromme Absicht ausdrücken, ihn mit »Attributen« auszustatten, die ihn von der »Grobheit sichtbarer Körper«[232] möglichst weit entfernen. Er selbst riskiert, bestätigt durch Belegstellen bei Tertullian[233], die befremdliche Hypothese, dass Gott ein Körper sei. Da ein pantheistisches Verständnis dieser göttlichen Körperlichkeit auszuschließen ist, vermutet Lange, Hobbes habe »einen maßgebenden, allenthalben verbreiteten, gleichartigen und durch seine Bewegung die Bewegung des Alls mechanisch bestimmenden *Teil* des Universums als Gottheit gefaßt«[234]. Woran Hobbes dabei gedacht hat, bleibt dunkel.

---

228 Ibid., S. 471.
229 Ibid., S. 512.
230 Cf. ibid., S. 84.
231 Ibid., S. 302.
232 Ibid., S. 84.
233 Cf. Ueberweg, ed. Schobinger, S. 158.
234 Lange, S. 298; cf. auch S. 260 f.

Metaphysik und mechanische Naturerklärung im Werk Spinozas

Benedictus de Spinoza (1632–1677), wie Hobbes als Atheist verrufen und ihm geistesverwandt, wird seit Ende des 17. Jh. von materialistisch orientierten Anhängern immer wieder als Gewährsmann genannt. Den *metaphysischen* Anspruch seiner Philosophie beanstanden sie umso weniger, als dieser, wie Horkheimer hervorhebt, »in der Systematisierung und ... weltanschaulichen Fixierung der wissenschaftlichen Methoden und Resultate seiner Zeit begründet ist«[235]. Was die mittelalterliche, auf christlicher Offenbarung fußende Metaphysik dadurch leistet, dass sie das kirchliche Weltbild mit rationalen Mitteln darlegt, das will Spinoza »ohne jede gläubige Hinnahme irgendwelcher Gegenstände, rein durch die Vernunft«[236] erreichen. Er ist sicher, »den Inhalt der Wissenschaften in ein Gesamtsystem von absoluter Gewißheit einordnen zu können«[237]. Darin liegt der eigentlich metaphysische Akzent seiner Philosophie. Spinoza ist bestrebt, auf einer modern-wissenschaftlichen, aller Geschichte entrückten Basis ein unerschütterliches Gebäude zu errichten. Die mathematische, in der Physik gültige Methode ist zugleich die der Philosophie. Sie liefert den »ewigen Grundriß der Wahrheit«[238]. Ist Gott, der höchste Gegenstand unseres Nachdenkens, das schlechthin Unbedingte, Vollkommene und Selbstständige, dann darf es außer und neben ihm keine Welt geben, dann erweist er sich als identisch mit der

235 Horkheimer, *Gesch. d. neueren Phil.*, S. 217.
236 Ibid., S. 196.
237 Ibid., S. 196 f.
238 Ibid., S. 219.

Realität überhaupt, wodurch die »theologische Behauptung« seiner Transzendenz hinfällig wird. Die wissenschaftlich verbürgte »Einheitlichkeit des Weltbildes«[239] nötigt dazu, auch den Gottesbegriff im System selbst zu entwickeln. Spinoza betrachtet Gott als Inbegriff aller Realität, als all-eine, unendliche *Substanz*. Dass er Ursache seiner selbst ist, bedeutet, dass wir ihn notwendig als existierend denken. Sofern alle Dinge nur durch ihn existieren, ist er identisch mit der *Natur*. Das Spinozas Feinden verhasste Motto *Deus sive natura* steht denn auch für »die Einsetzung der weltlichen Erkenntnis als der einzig legitimen Wahrheitsquelle gegenüber aller Theologie und positiven Religion«[240]. Indem Spinoza, im Gegensatz zu den cartesianischen Zeitgenossen, okkasionelle Eingriffe eines transzendenten Gottes ausschließt, vermag er die Frage nach dem Verhältnis von Bewusstsein und Sein, Geist und Materie neu zu stellen. Dass unseren begrifflichen Konstruktionen eine objektiv-reale, von ihnen adäquat erfasste Wirklichkeit entspricht, lässt sich nur dann erklären, wenn wir annehmen, dass Denken und Ausdehnung, die cartesianisch getrennten Substanzen, in Wahrheit die beiden (uns zugänglichen) *Attribute* der einen, unendlichen, Substanz sind. Diese drückt sich ebenso in unseren Gedanken aus wie in der vom Bewusstsein unabhängigen, raumerfüllenden Materie. Zwar können nach der Attributenlehre Körper und Geist nirgendwo wechselseitig aufeinander einwirken. Aber der gesetzlichen Ordnung des Denkens entspricht durchweg die der materiellen Realität; beide Ordnungen sind nur verschiedene »Darstellungsweisen« der

239 Ibid., S. 220.
240 Ibid., S. 221.

einen, »göttlichen Weltordnung«[241]. Diese verlöre ihre Dignität, wäre sie gleichzusetzen mit der Masse der körperlich gegebenen Objekte[242]. Es widerstrebt Spinoza, Gott zugunsten vergänglicher Dinge zu negieren. Eher trifft ihn der (Hegelsche) Vorwurf des *Akosmismus*, der Herabsetzung der Welt zum bloßen Akzidens der allein *wirklichen* Substanz, d. h. Gottes. *Pantheistisch* denkt Spinoza insofern, als ihm »dasjenige, was er kraft seiner konstruierenden rationalen Methode als Wirklichkeit behauptet, gleichzeitig als das Vollkommene, Göttliche, als Gegenstand der Verehrung und Hingabe erscheint«[243]. Eine »Hingabe« freilich, die dem Weltbild der mechanischen Naturwissenschaft gilt. In der mathematischen »Gegenstandsordnung«[244] erblickt Spinoza »die ewige gleiche existenzielle Struktur der Wirklichkeit und Wahrheit«[245]. Er errichtet, wie Horkheimer den Sachverhalt interpretiert, einen »metaphysischen Überbau«[246] auf den wissenschaftlichen Einsichten seiner Zeit, aus denen er aber in Einzelfragen (wie außer ihm nur Hobbes) *antimetaphysische* Schlüsse zieht. Spinoza ist strenger Determinist hinsichtlich der physischen Natur wie des Bewusstseins. Was wir »Seele« nennen, ist insofern die »Idee unseres Körpers«[247], als jedem Erlebnis ein physiologischer Vorgang zugeordnet ist. Menschliche Affekte sind objektiv zu betrachten: wie Linien, Flächen und Körper. Reine Geister existieren nur in der Einbildung. Selbst Gott ist nicht nur Geist, sondern

241 Ibid., S. 223.
242 Cf. ibid., S. 231; 237.
243 Ibid., S. 237.
244 Ibid., S. 230.
245 Ibid., S. 227.
246 Ibid., S. 231.
247 Ibid., S. 233.

auch unendliche Materie[248]. Oft, betont Horkheimer, wird übersehen, dass Spinoza bei innerweltlichen Fragen nicht metaphysisch argumentiert, sondern als materialistischer Aufklärer. Man hat deshalb genau zu unterscheiden zwischen dem »metaphysisch-absoluten Zug« seiner Philosophie und ihrer »antischolastisch-mechanisch-naturwissenschaftlichen«[249] Seite, auf die Spinozas Rolle in der Geschichte des Materialismus zurückzuführen ist.

Zur Wirkungsgeschichte des Spinozismus

Das Bild Spinozas ist im Deutschland noch des ausgehenden 18. Jh. das eines atheistischen Freigeists; der Name »Spinozist« stigmatisiert Aufklärer, die sich so weit vorwagen, die Einheit der Substanz als die der metaphysisch verhüllten *Materie* zu interpretieren. Sie halten sich, nicht ohne exegetische Willkür, an die analytisch-erklärende, naturwissenschaftlich-materialistische Seite der Philosophie Spinozas[250], zu der sein Kampf gegen die aristotelische Teleologie gehört, seine historische Bibelkritik, seine naturalistische Anthropologie und Staatslehre. Der Spinozismus wird im Zeitalter der Aufklärung die »grundlegende Quelle und Hauptrichtung des deutschen Materialismus«[251]. Seine Anhänger, bemerkt Lange, bilden die »äußerste Linke« im »Kampf gegen Scholastik und Orthodoxie« und »nähern sich dabei dem Materialismus, soweit es die mystisch-pantheistischen Elemente der

248 Cf. ibid.
249 Ibid.
250 Ibid., cf. S. 234.
251 Gulyga, S. 28.

Lehre Spinozas ... zulassen«[252]. Einer der ersten deutschen Spinozisten ist Friedrich Wilhelm Stosch (1648–1704), dessen Schrift *Concordia rationis et fidei* (1692), ein erläuternder Extrakt aus Spinozas *Ethik*, erheblichen Anstoß erregt. Stosch verneint die Spiritualität und Unsterblichkeit der Seele. Diese »besteht in der richtigen Mischung des Blutes und der Säfte, welche gehörig durch unverletzte Kanäle strömen und die mannigfachen willkürlichen und unwillkürlichen Handlungen hervorbringen«. Der Geist »besteht aus dem Gehirn und den unendlich vielen Organen desselben, welche mannigfach modifiziert werden durch das Zuströmen und die Zirkulation einer feinen Materie, welche ebenfalls mannigfach modifiziert wird«[253]. Gott ist die einzige, alles enthaltende Substanz, der Mensch deren endliche, denkende und ausgedehnte Modifikation[254]. – Zu nennen ist ferner Theodor Ludwig Lau (1670–1740). Seine *Meditationes philosophicae de deo, mundo et homine* (1717) wandeln Spinozas Grundlehren dahingehend ab, dass sie die Substanz in beständige *Tätigkeit* versetzen. Die Welt kann so wenig untergehen wie Gott, ihr erster Beweger. Zu erkennen ist dieser allein durch das Studium der Natur. Der Tod hat für Lau nichts Bedrohliches: »Mein Tod wird den Körper und die Seele mit Gott und der Welt vereinigen, nicht mystisch, sondern natürlich. Ich werde niemals sterben. Ich werde nicht aufhören zu leben, vielleicht nicht als Mensch, vielleicht nicht in dieser Welt, aber im Universum, irgendwo, als Stern, als Engel, als Dämon.«[255] – Beachtliche Resonanz findet in den vierziger

252 Lange, S. 334.
253 Lange, S. 334; 335.
254 Gulyga, cf. S. 29 ff.
255 Mauthner, 3, S. 239.

Jahren des 18. Jh. Johann Christian Edelmann (1698–1767), der sich als erster offen zu Spinoza bekennt. In seiner Schrift *Moses mit aufgedecktem Angesichte* (1740) verteidigt er gegenüber der orthodoxen Geistlichkeit den Gedanken, es existiere kein von der Welt verschiedener Gott: »Er und die Materie gehören unzertrennlich zusammen / und ohne die Materie würde Gott nimmermehr eine *materialische* Welt haben hervorbringen können.« Beide sind ewig, und ihr Verhältnis lässt sich so erklären, dass man sich »Gott als das Wesen aller Dinge / und als etwas Gantzes in seinem unzugänglichem Lichte« vorstellt; »die Materie aber als seinen Schatten, und dessen verschiedene Bewegung und Stellung, als die Schöpfung der Welt und derselben continuirliche Erhaltung«[256]. Edelmann teilt das Schicksal der Vorgänger. Seine Bücher werden von Henkershand verbrannt. – Auch in Frankreich bürgert sich die Bezeichnung »Spinozist« ein. Diderot bedient sich ihrer als synonym mit »Atheist« und »Materialist« im Artikel »Naturalist« seiner (seit 1751 erscheinenden) *Enzyklopädie*. Naturalisten heißen hier Naturforscher, »die keinen Gott zulassen, sondern glauben, daß es nur eine materielle Substanz mit verschiedenen Eigenschaften gibt, die für sie ebenso wesentlich sind wie die Länge, Breite und Tiefe und denen zufolge sich in der Natur alles mit eben der Notwendigkeit abspielt, die wir wahrnehmen«[257]. Diderots Artikel »Spinozist« modifiziert diese Darstellung dahingehend, dass er Anhänger des eigentlichen Spinoza von den Spinozisten seiner Zeit unterscheidet. »Deren allgemeines Prinzip«, erklärt Diderot, »besteht darin anzunehmen, daß die Materie empfindungsfähig ist. Das beweisen sie anhand der Entwick-

256 Gulyga, S. 32.
257 Winter, S. 227; eig. Übers.

lung des Eis, eines leblosen Körpers, der allein unter der Einwirkung allmählich gesteigerter Wärme in den Zustand eines empfindenden und lebenden Wesens übergeht, und am Wachstum jedes Lebewesens, das anfangs nur ein Punkt ist, aber durch nährende Assimilation von Pflanzen ... ein großer Körper wird, der in einem großen Raum empfindet und lebt. Hieraus folgern sie, daß es nur Materie gibt und daß sie genügt, um alles zu erklären.«[258] – Die Zweideutigkeit des spinozistischen Pantheismus gestattet es, Gott in die Natur oder die Natur in Gott aufzulösen. Ersteren Weg beschreiten Spinozas materialistische Interpreten, letzteren Autoren der deutschen Spätaufklärung wie Johann Gottfried Herder (1744–1803) und Johann Wolfgang Goethe (1749–1832), die das *panentheistische* Moment in Spinoza hervorheben, womit eine wesentliche Korrektur seines Naturbildes einhergeht. Herder deutet, angeregt durch Leibniz' Monadenlehre, die göttliche Substanz als Urkraft, die vermittels zahlloser organischer Kräfte wirkt und sich stufenweise entfaltet. Diese »dynamistische« Neufassung Spinozas ermöglicht Herders universelle Geschichtsphilosophie, deren Werdegang Goethe verfolgt und – als Naturforscher – selbstständig fortsetzt. Indem Herder und Goethe den Spinozismus entwicklungsgeschichtlich interpretieren, gelingt es ihnen, sich ebenso über einen die Natur missachtenden Idealismus zu erheben wie über einen geschichtslosen Mechanizismus. Dabei bleibt zumal Goethe in wichtigen Punkten auf originärspinozistischem Boden. Auch die dynamisierte Natur – davon ist er überzeugt – behält absolutes Eigenrecht. Sie wirkt nach ewigen, notwendigen Gesetzen, die selbst Gott nicht zu

258 Winter, S. 237; eig. Übers.

ändern vermöchte. Unseren moralischen und ästhetischen Wertungen steht sie indifferent gegenüber. Grenzenlos ist ihre Produktivität. Hierin wie allgemein in seiner *gegenständlich-realistischen* Denkweise sieht Goethe sich bestätigt durch Schellings »Spinozismus der Physik«. Insgesamt bilden die in der deutschen Spinoza-Debatte des ausgehenden 18. Jh. sich abzeichnenden Positionen eine »naturalistische« Gegenströmung zur Transzendentalphilosophie. Nicht umsonst nennt Fichte Spinoza den konsequentesten Verfechter des »Dogmatismus«. – Uneingeschränkt materialistisch ist das von Feuerbach entworfene Bild Spinozas. Dessen »historische Bedeutung« erblickt er darin, »daß er, im Gegensatz zur christlichen Religion und Philosophie, die Natur vergötterte«[259]. Im Pantheismus bekundet sich die Wahrheit, dass die »materiellen Dinge« nur dann aus Gott abgeleitet werden können, wenn Gott selbst als *»materialistisches Wesen«*[260] bestimmt wird. Spinozas Gott ist die nicht länger eingebildete, sondern wirkliche »Ursache der Welt«[261]. Seine Lehre verbindet mit Gott dessen *»Negation«*[262]; er ist »ein ausgedehntes, d. i. materielles Wesen«[263]. Damit findet er, so Feuerbach, den »wahren philosophischen Ausdruck für die materialistische Tendenz der neueren Zeit«[264], die er rechtfertigt. »Spinoza ist der Moses der modernen Freigeister und Materialisten«[265]. Gleichwohl bleibt sein eigener Materia-

259 Feuerbach, Werke 2, S. 445.
260 Ibid., 9, S. 285.
261 Ibid.
262 Ibid.
263 Ibid., S. 286.
264 Ibid.
265 Ibid., S. 287.

lismus theologisch befangen[266]. Spinoza negiert die Theologie *»auf dem Standpunkt der Theologie«*[267]. Zwar erhöht er die Materie zum »Attribut der Substanz«, aber »gerade deswegen, weil sie *nicht* leidet, weil sie einzig, unteilbar, unendlich ist, weil sie insofern die *nämlichen* Bestimmungen hat als das ihr *entgegengesetzte* Attribut des Denkens«[268]. Wohl wird von Spinoza das sinnliche, antitheologische Wesen der Materie anerkannt, aber nur auf abstrakt-metaphysische Weise. Spinoza beseitigt die Dualität von Gott und Materie, indem er deren Wirkungen als Manifestationen Gottes interpretiert, der so ein der Materie zugrunde Liegendes bleibt. Da aber die göttliche Substanz nur in ihren Attributen präsent ist, kommt Spinoza nicht umhin, sie mit der unendlich ausgedehnten Körperwelt gleichzusetzen. Dieses Widerspruchs entledigt Feuerbach sich dadurch, dass er den Spinozismus »seiner theologischen Hülle entkleidet«[269].

266 Ibid., cf. S. 299.
267 Ibid., S. 295.
268 Ibid., S. 253.
269 Plechanow, *Grundprobleme*, 23; Thalheimer/Deborin, cf. S. 60 ff.

Der französische Materialismus des 18. Jahrhunderts

Englische Einflüsse

Als Bindeglied zwischen Spinoza und dem französischen Materialismus, den Marx (mit Hegel) als »*Realisierung* der spinozistischen Substanz«[270] bezeichnet, kann John Toland (1670–1722) gelten.[271] Leitet seine Jugendschrift *Christianity not Mysterious* (1696) den Deismus des frühen 18. Jh. ein, so kritisiert Tolands Hauptwerk *Letters to Serena* (1704; dt. 1959) das System Spinozas mit teils materialistischen, teils deistischen Überlegungen. Der überspitzte Vorwurf, Spinozas Philosophie fehle »Prinzip und Grundlage«[272], erklärt sich aus Tolands Identifikation von »Substanz« und »Materie«. Dass Spinoza nur »eine einzige Substanz« anerkennt, bedeutet, »daß nach seiner Lehre die Materie, aus der alle

270 MEW 2, S. 139.

271 Anmerkung der Herausgeber: Ausführlicher zum Deismus der Spätaufklärung cf. Alfred Schmidt, *Entstehungsgeschichte der humanitären Freimaurerei – Deistische Wurzeln und Aspekte*, hrsg. von Klaus-Jürgen Grün und Thomas Forwe, Salier Verlag, Leipzig 2014.

272 Toland, S. 100.

Dinge ... bestehen, nur ein einziges zusammenhängendes Sein darstellt, das überall von der gleichen Natur ist, ungeachtet der verschiedenen Modifikationen«[273]. Diese Materie ist versehen mit den Attributen »Ausdehnung« und »Denken«, die Spinoza zufolge ewig sind wie sie selbst. Allerdings kommen Toland hinsichtlich der Ewigkeit des Denkens Zweifel. Spinozas Argumente dafür, »daß jeder Teil und jedes Teilchen der Materie ständig denken«[274], überzeugen ihn nicht: »Wir Menschen ... finden immer nur, daß unsere Denktätigkeit ihren Sitz im Gehirn und nur dort hat, und bei Lebewesen, die kein Gehirn haben, können wir Anzeichen von Denken nicht beobachten.«[275] Gravierender indessen als dieses hylozoistische Moment ist für Toland, dass Spinoza es versäumt, auch der *Bewegung*, d. h. jener Kraft (*action, moving force*) die Rolle eines Attributs der Materie zuzubilligen, die alle »Ortsbewegung« (*local motion*), mithin alle Mannigfaltigkeit im Universum verursacht[276]. Wer sich vornimmt, den »Ursprung der Welt« zu erklären, »muß mit der ersten Ursache der Bewegung beginnen; denn der bloße Begriff der Ausdehnung schließt keinerlei Mannigfaltigkeit ein, er sagt auch nichts über irgendeine Ursache für eine Veränderung aus«[277]. Ist jedoch einmal erkannt, dass »allein die Bewegung ... eine Veränderung der Ausdehnung hervorrufen kann«[278], so muss die Naturphilosophie auf dieser Basis errichtet werden. Auszugehen ist von einer *Allbewegtheit* der

273 Ibid., S. 104.
274 Ibid.
275 Ibid., S. 104; 105.
276 Ibid., cf. S. 105; 114.
277 Ibid., S. 106.
278 Ibid.

Materie, die Toland näher als deren »innere Energie«, »Autokinesis« oder »wesentliche Bewegung« (*essential action*) bestimmt und die er von ihren »Modifikationen«, d. h. »Lageveränderungen« unterscheidet. Toland gelangt so zu einer angemesseneren *Definition* des Begriffs der Materie. Er lehrt, »daß *die Bewegung eine ebenso wesentliche Eigenschaft der Materie ist wie die Ausdehnung* und daß die Materie nie ein träger, toter oder inaktiver Klotz war oder sein kann noch sich im Zustand absoluter Ruhe befand oder sich jemals befinden kann«[279]. Tolands Kritik an Spinoza klingt wie das Bekenntnis zu einer streng materialistischen Weltansicht. Gleichwohl verwahrt Toland sich gegen die naheliegende Annahme, eine »präsidierende Intelligenz« werde entbehrlich, sobald »der Materie Aktivität zugestanden wird«[280]. Gott vermochte der von ihm geschaffenen Materie die eine Eigenschaft so gut zu verleihen wie die andere. Die Bewegung des Universums bedarf jedoch, abgesehen davon, nicht nur des ersten Impulses einer »präsidierenden Gottheit«[281], sondern ihres fortwährenden Beistands. Denn rein mechanisch, gibt Toland zu bedenken, lässt sich das Entstehen organischer Gebilde nicht erklären. Wir müssen eine dem Weltall immanente *Zweckmäßigkeit* annehmen, die sich als gestaltende Kraft äußert: »Das bloße Zusammentreffen von Atomen ... konnte niemals die Teile des Universums in ihre gegenwärtige Ordnung bringen noch sie in dieser Ordnung halten. Kein zufälliges Zusammentreffen der Atome kann die Organisation einer Blume oder Fliege ermöglichen.«[282] Die »Unendlichkeit der

279 Ibid., S. 21; cf. auch S. 116 f.
280 Ibid., S. 168; cf. auch S. 112; 115.
281 Ibid., S. 107.
282 Ibid., S. 169.

Materie« – auch hierin trennt Toland sich von Spinoza – schließt einen »ausgedehnten, körperlichen Gott« aus, nicht aber »Gott als rein geistiges oder immaterielles Wesen«[283]. – »Der Materialismus«, vermerkt Marx, »ist der *eingeborne* Sohn *Großbritanniens*. Schon sein Scholastiker Duns Scotus fragte sich, ›*ob die Materie nicht denken könne*‹.«[284] Um dies Wunder zu bewerkstelligen, nahm er zu Gottes Allmacht Zuflucht, d. h. er zwang die Theologie selbst, den Materialismus zu predigen«. Die nominalistische Scholastik ebnet Bacons Empirismus den Weg, und Hobbes, der konsequenteste Materialist neuerer Zeit, verdankt englischen Traditionen zumindest so viel wie seiner Bekanntschaft mit Descartes und Gassendi. Da *Atheismus* in England noch im späten 18. Jh. als abwegig und schlechthin unvertretbar gilt, kann der einschlägige Artikel der *Encyclopedia Britannica* von 1771 die Frage aufwerfen, ob er je ernstlich verfochten worden sei[285]. Indem Boyle und Newton die »materielle Weltmaschine« auf einen »geistigen Urheber«[286] zurückführen, rechtfertigen sie nicht etwa die Religion, sondern die mechanisch-materialistische Auffassung der Naturvorgänge. Charakteristisch für den Gesamtverlauf der *englischen Aufklärung* ist jedoch jene »Mischung von religösem Glauben und Materialismus«[287], die bei bedeutenden Denkern wie Hobbes und Toland übergeht in ein (weithin unvermitteltes) Nebeneinander materialistischer und theologischer Aussagen (wobei die Aufrichtigkeit letzterer immer wieder angezwei-

283 Ibid.
284 MEW 2, S. 135.
285 Bd. 1, cf. S. 501.
286 Lange, S. 311.
287 Ibid.

felt worden ist). – Die englische Debatte des 18. Jh. über Materialismus wird ausgelöst durch eine von John Locke (1632–1704) in seinem Hauptwerk *An Essay Concerning Human Understanding* (1690) behutsam vorgetragene Vermutung. Sie betrifft das Paradox der »denkenden Materie« (»*thinking matter*«), das Locke anlässlich seiner Diskussion der Grenzen unseres Wissens erörtert. »Wir besitzen«, schreibt er hier, »die Ideen der *Materie* und des *Denkens*. Möglicherweise werden wir aber nie wissen können, ob ein rein materielles Wesen denkt oder nicht. Denn es ist für uns unmöglich, nur durch Betrachtung unserer eigenen Ideen, ohne Offenbarung, zu ermitteln, ob nicht die Allmacht gewissen, entsprechend eingerichteten materiellen Systemen die Fähigkeit des Wahrnehmens und Denkens verliehen hat«[288]. Ebensowenig können wir erkennen, »ob die Allmacht eine denkende immaterielle Substanz mit einer dazu eingerichteten Materie verbunden ... hat.«[289] Hinsichtlich unseres Fassungsvermögens »liegt es nämlich ... nicht viel ferner, uns vorzustellen, daß Gott, wenn es ihm gefalle, der Materie selbst die *Fähigkeit des Denkens* verleihen könne, als uns vorstellen, daß er sie mit einer *anderen Substanz* verbinde, die *die Fähigkeit des Denkens* besitzt; denn wir wissen nicht, worin das Denken besteht und welcher Art von Substanz es dem Allmächtigen gefallen hat, diese Kraft zu verleihen«[290]. Beiden Alternativen kommt gleiche Wahrscheinlichkeit zu. Locke sieht keinen »Widerspruch« darin, »daß das erste, ewige, denkende Wesen, das heißt der allmächtige Geist, wenn es ihm so gefiele, gewissen Systemen von erschaffener,

288 Locke 2, S. 188.
289 Ibid.
290 Ibid.

empfindungsloser Materie, die es nach seinem Gutdünken zusammengefügt hat, einen bestimmten Grad von Empfindung, Wahrnehmung und Denken verleihen sollte«[291]. Wohl aber wäre es »ein Widerspruch, anzunehmen, die Materie (die ihrer eigenen Natur nach offenbar gänzlich ohne Empfinden und Denken ist) sei jenes ewige, zuerst denkende Wesen«[292]. Locke schreckt vor den atheistischen Konsequenzen eines durchgeführten Materialismus ebenso zurück wie vor Äußerungen, die »den Glauben an die Immaterialität der Seele«[293] erschüttern. Können wir in letzterem Punkt nicht zur »demonstrativen Gewißheit«[294] gelangen, so braucht uns das nicht zu stören. Die Zwecke von Moral und Religion sind auch ohne »philosophische Beweise für die Immaterialität der Seele«[295] hinlänglich abgesichert. Im Übrigen hält Locke eine Entscheidung der Frage für weniger dringend als »übereifrige Anhänger oder Gegner der Immaterialität der Seele«[296] behaupten. Billigen die einen »dem, was nicht materiell ist, keine Existenz« zu, so entdecken die anderen »das *Denken* nicht unter den natürlichen Kräften der Materie« und ziehen hieraus den Schluss, »daß selbst die Allmacht Wahrnehmung und Denken nicht einer Substanz verleihen kann, der die Modifikation der Festigkeit eigentümlich sei«[297]. Wer sich überlegt, wie schwer es ist, Empfindungen mit dinglichem Sein und Existenz mit etwas völlig Unausgedehntem auch nur gedanklich zu verknüpfen, wird zu-

291 Ibid.
292 Ibid.; cf. S. 300.
293 Ibid., S. 189.
294 Ibid.
295 Ibid., S. 190.
296 Ibid.
297 Ibid.

geben, von seiner Seele und ihrem Status nach dem Tode[298] nichts Bestimmtes zu wissen. Jede Hypothese bleibt unbefriedigend. Auf *rationalem* Wege, so der (Kant vorwegnehmende) Agnostiker Locke, lässt sich eine »feste Entscheidung für oder gegen die Materialität der Seele«[299] nicht herbeiführen. Man betrachte sie »als *unausgedehnte Substanz* oder als *denkende, ausgedehnte Materie*«[300]; stets wird man, das eine denkend, in die Richtung des anderen gedrängt. Wir haben »*etwas* in uns ..., das denkt; gerade unsere Zweifel, was es sei, bestätigen uns die Gewißheit seiner Existenz«[301]. – Gibt es nur Materie und Bewegung, so kann Denken, Locke zufolge, keine Eigenschaft der Materie sein. Aber er besteht darauf, dass es Gott möglich wäre, einem materiellen System Denkfähigkeit zu verleihen. Das ist keine bloß logische, sondern eine reale Möglichkeit, die wir angesichts unseres begrenzten Wissens von Materie und Geist berücksichtigen sollten[302]. Unbeschadet des theologischen Hintergrunds, auf dem Locke das Verhältnis von Materie und Denken erörtert, löst er im 18. Jh., zunächst in England, eine problemgeschichtlich bedeutsame Diskussion aus. Über Voltaires *Lettres écrites de Londres sur les Anglois* (1734) gelangt Lockes Hinweis auf die Möglichkeit einer »denkenden Materie« nach Frankreich[303]. Während Voltaire Locke verteidigt, entfernen sich seine Gegner bald von dessen Prämissen und geraten in materialistisches Fahrwasser. – Das gilt tendenziell auch von je-

298 Ibid., cf. S. 229.
299 Ibid.
300 Ibid., S. 190 f.
301 Ibid., S. 191.
302 Cf. Yolton, *Thinking Matter*, S. 16 ff.
303 Cf. Yolton, *Locke and French Materialism*, S. 39 ff.; S. 60 ff.

nen englischen Autoren, die Lockes Thema aufgreifen, aber in eine empirisch-einzelwissenschaftliche Sprache übersetzen. Zu ihnen gehört David Hartley (1705–1757), ein theologisch beschlagener Arzt, dessen Werk *Observations on Man, his Frame and his Expectations* (1749) ihn zum Begründer der Assoziations-Psychologie macht. Bestrebt, alles menschliche Empfinden und Denken auf Vibrationen von Hirnfibern zurückzuführen, liefert Hartley dem materialistischen Diskurs »reichliche Nahrung«[304]. Seinem (religiösen) Selbstverständnis nach ist er jedoch Dualist. Das Gehirn diene den psychischen Vorgängen lediglich als Instrument. Auch andere Systeme, macht Hartley geltend, nehmen an, dass jede seelische Veränderung von einer ihr entsprechenden körperlichen begleitet werde. Er selbst versuche nur, anhand der Lehre von den Ideenassoziationen eine »vollständige Theorie dieser entsprechenden Veränderungen zu geben«[305]. Indem aber Hartley den Umstand, dass jene Assoziationen mit bestimmten Gehirnfunktionen einhergehen, *physiologisch* deutet, nähert er sich – ungewollt – dem Materialismus. Es zeigt sich, dass die Rolle des Gehirns sich nicht darin erschöpft, ein Instrument des (nach Belieben sich seiner bedienenden) Geistes zu sein. Es ist einbezogen in die naturalen Determinismen. Seine das Denken scheinbar nur begleitenden Vibrationen erweisen sich »als Produkte eines Mechanismus, welcher von außen angeregt nach den Gesetzen der materiellen Welt sich vollziehen muß«[306]. – Während Hartley, der die moralische Verantwortlichkeit retten will, sich dieser Einsicht nur widerstrebend beugt, beschreitet der rationalistische Theologe

304 Lange, S. 312.
305 Ibid.
306 Ibid., S. 312 f.

und Naturforscher Joseph Priestley (1733–1804) von vornherein den Weg einer *physiologischen Psychologie*, die dazu tendiert, alles Seelische in körperliche Sachverhalte aufzulösen. Priestley ersetzt die Analyse der Tatsachen des Bewusstseins durch eine Physik des Nervensystems. Seine Position verteidigt Priestley in folgenden Schriften: *Disquisitions relating to Matter and Spirit* (1777); *The Doctrine of Philosophical Necessity illustrated* (1777); *Free Discussions of the Doctrines of Materialism and Philosophical Necessity* (1778); *Letters to a Philosophical Unbeliever* (1780). Priestleys Materialismus beruht auf einer *einheitlichen* Konzeption des Menschen; er lehrt die Abhängigkeit seiner Sinnes- und Geistesvermögen von der organischen Struktur des Gehirns[307]. Was als Empfindung, Wahrnehmung und Denken bezeichnet wird, ist stets nur in Verbindung mit einem *»organisierten System der Materie«*[308] anzutreffen. Wir sind ebenso berechtigt, dem Gehirn Denkfähigkeit zuzusprechen wie wir berechtigt sind, es weiß und weich zu nennen[309]. Unvereinbar, betont Priestley, sind Materie und Geist nur so lange, wie man an jener erdichteten Art von Materie festhält, die der Zwei-Substanzen-Lehre zugrunde liegt. Eine allein durch Solidität, Undurchdringlichkeit und Schwerkraft bestimmte Materie wird vom Denken stets durch Abgründe getrennt sein[310]; nicht aber Materie, die aufgefasst wird als diskontinuierliches Gefüge von punktuellen Zentren anziehend-abstoßender *Kräfte*[311]. Diese dynamische Betrachtungsweise der Materie

---

307 Cf. Yolton, *Thinking Matter*, S. 111.
308 Ibid., S. 113, eig. Übers.
309 Cf. ibid.
310 Ibid., cf. S. 111; 114.
311 Ibid., cf. S. 110 f.; 112 f.

entnimmt Priestley der *Theoria Philosophiae Naturalis* (1758; engl. 1763) des Physikers Ruggiero Boscovich (1711–1797). Verdankt er Hartleys Physiologie die Hypothese, Denken sei eine Eigenschaft des Gehirns, so verhilft Boscovich ihm zu einem neuartigen Materialismus, der es gestattet, jene Hypothese glaubwürdiger zu vertreten[312]. Wir müssen uns ein komplex aufgebautes biologisches System vorstellen mit Eigenschaften, die aus traditioneller Sicht geistig *und* körperlich genannt worden wären. Priestleys Philosophie verknüpft eine (Unsterblichkeit einschließende) Geisteslehre einerseits mit Hartleys Physiologie, andererseits mit Boscovichs dynamischer Auffassung der Materie. Mit Hartley hält er daran fest, dass Denken durch Hirntätigkeit erklärt werden muss. Freilich nicht auf Hartleys Weise, der – orientiert an korpuskularer Materie – das Verhältnis seelischer Vorgänge zu ihrem objektiven Substrat vergröbernd darstellt. So reduziert Hartley Perzeptionen unmittelbar auf Gehirnschwingungen, die keineswegs immer mit solchen einhergehen. Unbeachtet bleibe bei Hartley das zusätzliche Vermögen des Gehirns, wahrzunehmen oder zu empfinden[313]. – Priestleys (modern anmutende) Konzeption einer aus Kraftzentren bestehenden Materie wird von den englischen Zeitgenossen übergangen. Ihnen liegt wenig daran, den Materialismus durch Subtilisierung annehmbar zu machen. Sie schreckt das Bild des maschinell funktionierenden Menschen[314]. Übrigens behält der Materialismus, *weltanschaulich* gesehen, auch bei Priestley selbst, dem Prediger einer Dissentergemeinde[315],

312 Ibid., cf. S. 109.

313 Ibid., cf. S. 114 f.; 123 f.

314 Ibid., cf. S. 124 f.

315 Lange, cf. S. 313 f.

keineswegs das letzte Wort. Er sieht den *physikotheologischen* Gottesbeweis bestätigt durch die vollendete Harmonie der materiellen Bewegungen, die auf ein verborgenes, großes Gesetz hinweist, das die geistige Welt ebenso umfasst wie die körperliche.

Aufklärung und Materialismus in Frankreich

Unter englischem Einfluss wird Frankreich im 18.Jh. zum klassischen Land der *Aufklärung*, deren *materialistische Version* hier zu hoher Blüte, nicht aber zur Alleinherrschaft gelangt. Vielmehr ist (wie Dilthey nachgewiesen hat) das die Epoche charakterisierende Prinzip ein *Naturalismus*, der – stoisch geprägt – die natürliche Ordnung der Dinge als die vernünftige und göttliche Ordnung betrachtet und umgekehrt. Dabei sind Vernunft und Natur keine starren Größen; anhand ihrer wechselnden Bedeutungen lassen sich die einzelnen Stadien des Aufklärungsprozesses bestimmen. Voltaire, Montesquieu, Holbach und Rousseau sprechen von Vernunft und Natur auf jeweils eigene Weise. Je reiner freilich die Aufklärung ihr Wesen entfaltet, desto mehr durchdringen sich diese Begriffe in ihr, desto ununterscheidbarer werden sie. Dabei ist »das Richtung gebende Prinzip nicht das der Vernunft, sondern das der Natur«[316]. Darum ist die französische Aufklärung, so rational sie argumentiert, im Kern naturalistisch. All ihre Vertreter neigen, unbeschadet sonstiger Differenzen, zu einer Weltansicht »von unten«[317], deren Affinität zum *Materialismus* unverkennbar ist. Dessen

316 Ewald, S. 13.
317 Ibid.

Parteigänger verstehen sich denn auch als die – intellektuell und politisch – konsequenteren Verfechter eben jener Tendenzen, die das philosophische Bewusstsein des Jahrhunderts prägen: erkenntnistheoretischer Sensualismus, Skepsis in religiös-metaphysischen Fragen, eudämonistische Ethik.

Die französischen Materialisten im Urteil der Philosophiegeschichte

In seinen (1833 erstmals veröffentlichten) *Vorlesungen über die Geschichte der Philosophie* unternimmt es Hegel, den französischen Materialismus sachgerecht darzustellen, an dessen Schriften er ein *negativ-dialektisches* Moment hervorhebt: die »erstaunliche Energie und Kraft des Begriffs gegen die Existenz, gegen den Glauben, gegen alle Macht der Autorität seit Jahrtausenden. Es ist ... der Charakter des Gefühls der tiefsten Empörung gegen alles dieß Geltende, was dem Selbstbewußtseyn ein fremdes Wesen, was ohne es seyn will, worin es nicht sich selbst findet.«[318] Diese revolutionär auftretende Philosophie, unterstreicht Hegel, verhält sich »zerstörend gegen das in sich Zerstörte«[319]. Ihre schneidende Kritik gilt einer Positivität, die nur noch »das Negative der Vernunft« ist. Sie wendet sich »gegen Religion, Gewohnheiten, Sitten, Meinungen, gegen den Weltzustand in gesetzlicher Ordnung, Staatseinrichtungen, Rechtspflege, Regierungsweise, politischer, juridischer Autorität, Staatsverfassung, ebenso gegen Kunst«[320]. Hierin erblickt Hegel den »Angriff des

318 Hegel, S. 510.
319 Ibid., S. 515.
320 Ibid., S. 514.

vernünftigen Instinkts« auf Zustände, die ihr Daseinsrecht eingebüßt hatten. »Es war«, so charakterisiert sie Hegel, »der ungeheuerste Formalismus und Tod, in den die positive Religion, ebenso wie die Bande der menschlichen Gesellschaft, Rechtseinrichtungen, Staatsgewalt übergegangen war.«[321] Gehen nach Hegels Einschätzung Atheismus, Materialismus und Naturalismus einerseits hervor aus dem »tiefsten und empörtesten Gefühl gegen die begrifflosen Voraussetzungen und Gültigkeiten des Positiven« (etwa auf religiösem Gebiet), so entspringen sie andererseits dem »Bestreben ..., das Absolute als ein Gegenwärtiges ... und als absolute Einheit zu erfassen«[322]. Die Franzosen gelangen auch philosophisch, worauf Hegel nachdrücklich hinweist, zum unverhüllten *Atheismus*, indem sie »das Letzte, Thätige, Wirkende« als Materie (oder Natur) bezeichnen. Diese Philosophie, sagt Hegel, »ist im Ganzen Spinozismus, wo als das Letzte vorangestellt wird das Eine der Substanz«[323]. Ihre Parteigänger verharren beim »Abstraktum einer in sich unbestimmten Natur, des Empfindens, des Mechanismus, der Eigensucht und Nützlichkeit«[324]. Es ist klar, dass es sich hier für Hegel um eine überholte, in den objektiven Gang der Dialektik lediglich einzuordnende Stufe des Denkens handelt. Ihn interessiert am französischen Materialismus nicht eigentlich der Lehrgehalt, sondern dessen *geschichtsphilosophische Rolle* im vorrevolutionären Frankreich. – Marx, der ebenfalls darauf bedacht ist, die Themen und Thesen der französischen Materialisten historisch zu *situieren*, setzt andere Akzente als Hegel. Auch

321 Ibid.
322 Ibid., S. 511.
323 Ibid., S. 513; cf. auch S. 509.
324 Ibid., S. 511.

er erwähnt in der *Heiligen Familie* (1845) ihren Kampf gegen die politischen Institutionen, gegen Religion und Theologie. Am wichtigsten aber erscheint Marx der durch sie bewirkte »Sturz der Metaphysik«[325]. Diese war im 17. Jh. »noch versetzt mit *positivem, profanem* Gehalte«[326]. Metaphysiker wie Descartes und Leibniz machten Entdeckungen auf wissenschaftlichen Gebieten, die der Metaphysik »anzugehören schienen«[327]. Zu Beginn des 18. Jh. traten jedoch die Sphären endgültig auseinander. Die Wissenschaften wurden selbstständig, und »der ganze metaphysische Reichtum bestand nur noch in Gedankenwesen und himmlischen Dingen, grade als die realen Wesen und irdischen Dinge alles Interesse in sich zu konzentrieren begannen«[328]. Diese Absage an Metaphysik ist freilich Marx zufolge nur insofern auf den *theoretischen* Materialismus des 18. Jh. zurückzuführen, als letzterer sich »aus der praktischen Gestaltung des damaligen französischen Lebens« erklären lässt. »Dieses Leben war auf die unmittelbare Gegenwart, auf den weltlichen Genuß und die weltlichen Interessen, auf die *irdische* Welt gerichtet. Seiner antitheologischen, antimetaphysischen, seiner materialistischen Praxis mußten antitheologische, antimetaphysische, materialistische Theorien entsprechen. Die Metaphysik hatte *praktisch* allen Kredit verloren«[329]. Sie erschien als »bloßes Machwerk der Einbildungskraft und theologischer Vorurteile«[330]. Im Gegensatz zu Hegel behält

325 MEW 2, S. 134.
326 Ibid.
327 Ibid.
328 Ibid.
329 Ibid.
330 Ibid., S. 137.

Marx, politisch wie wissenschaftlich, die über 1789 hinausreichenden Aspekte des französischen Materialismus im Auge. Er unterscheidet zwischen zwei Richtungen, deren eine, der »*mechanische* Materialismus«, auf Descartes zurückgeht und »sich (verläuft) in die ... französische *Naturwissenschaft*«. Die andere, auf Locke zurückverweisende Richtung »mündet direkt in den Sozialismus«[331]. – In den maßgeblichen Philosophiegeschichten des 19. und 20. Jh. werden die französischen Materialisten zumeist knapp und geringschätzig abgehandelt. Sie gelten als Autoren »zweiten Ranges«. Wobei etwa Baruzzi ihnen immerhin zubilligt, im Unterschied zu »großen Denkern« unmittelbar »ins Mark der Geschichte«[332] vorzustoßen. Ihren (häufig unterschätzten) Werken sei »zu eigen, daß sie hinsichtlich ihrer Anthropologie wie Moral und Politik gar nicht erst lehrend vermittelt und zur Wirkung gebracht werden müssen, sondern daß sie der unmittelbare Ausdruck einer Seite der menschlichen Realität sind, welcher der Mensch sich stets mehr oder weniger ausliefert oder sich ausgeliefert sieht«[333]. Wirklichkeitsnähe und geschichtliche Stoßkraft hebt auch Ewalds Studie an den Schriften der radikalen Aufklärer hervor. Ein Metaphysiker, bemerkt er, wird ihre Philosophie »als flach und dürftig empfinden, was sie auch ist, wenn man sie von dem allgemeinen Lebensgrunde ablöst, auf dem sie ruht«[334]. Eine solche Betrachtungsweise bleibt indessen unergiebig; Lebendigkeit gewinnen die zunächst »dürr und abstrakt« wirkenden Kategorien dieses Denkens gerade dadurch, dass sie eng mit der politisch-

331 Ibid., S. 132; cf. auch S. 138.
332 Baruzzi, S. 7.
333 Ibid.
334 Ewald, S. 17.

gesellschaftlichen und kulturellen Realität verbunden sind. »Sie haben den Sturz des alten Regimes vorbereitet; sie haben die große Umwälzung in Frankreich und schließlich in ganz Europa herbeigeführt«[335].

Voraussetzungen des materialistischen Diskurses

Entgegen äußerem Anschein ist der Materialismus des französischen 18. Jh. *keine* homogene Größe. Vielmehr bildet er, bei letztlich überwiegender Einheit, ein komplexes, von Widersprüchen und (offenen oder latenten) Konflikten durchzogenes Ganzes. Seine Begrifflichkeit verweist auf ältere Materialismen wie auch auf neue naturwissenschaftliche Tatbestände; Kontinuitäten und Brüche sind schwer auseinanderzuhalten[336]. – »Die Franzosen«, schreibt Marx, »begaben den englischen Materialismus mit Esprit, mit Fleisch und Blut, mit Beredsamkeit. Sie verleihen ihm das noch fehlende Temperament und die Grazie. Sie *zivilisieren* ihn.«[337] Marx erinnert hier an die literarisch-rhetorische Seite des französischen Materialismus, dessen Sprache und Argumentationsweise die intellektuelle Atmosphäre der damals zu weltgeschichtlicher Wirksamkeit gelangenden Salons widerspiegelt. Es ist freilich nicht nur der Geist des Rokoko, an dem die Entwicklung des Materialismus von Boureau-Deslandes bis Holbach teilhat. Wichtiger noch für das Selbstverständnis seiner Vertreter wurde die *skeptische* Tradition des französischen Denkens. Montaigne und Bayle

335 Ewald, S. 18; 19.

336 Cf. Olivier Bloch, *Le matérialisme*, S. 66.

337 MEW 2, S. 137.

bleiben selbst für jene Autoren verbindlich, deren materialistische Entschiedenheit in der Literatur besonders hervorgehoben wird. Sie sind »von der geschlossenen Systematik eines Hobbes weit entfernt und (scheinen) ihren Materialismus fast nur zu gebrauchen«, um »den religiösen Glauben in Schach zu halten«[338]. Die – selten beachtete – Bedeutung der Skepsis für die (gemeinhin als Dogmatiker geltenden) Materialisten des 18. Jh. drückt sich zumal im *agnostischen Moment* ihrer Erkenntnislehre aus. »Uns ist das Wesen eines jeden Dinges unbekannt«, erklärt Holbach, »wenn man unter dem Wort *Wesen* das versteht, was die dem Dinge eigentümliche Natur ausmacht; wir kennen die Materie nur durch die Wahrnehmungen, die Empfindungen und die Ideen, die sie uns vermittelt; demgemäß beurteilen wir sie.«[339] Die »wahre Natur« der Materie bleibt uns Holbach zufolge unbekannt. Gleichwohl sind wir imstande, »einige ihrer Eigentümlichkeiten und Eigenschaften auf Grund der Art ... zu erkennen, wie sie auf uns wirkt«[340]. Ist Materie alles, was Empfindungen in uns auslöst und uns vermittels ihrer Wahrnehmungen und Ideen liefert, so zieht Holbach daraus den Umkehrschluß, dass alles, »wovon wir keine Ideen haben«, nicht nur »für uns« nicht existiert, sondern »nichts ist«[341]. Deutlich wird hier der antireligiöse und antimetaphysische Nebensinn des skeptischen Motivs: weder von Gott noch von spirituellen Substanzen empfangen wir sinnliche Daten. – Angesichts der Resultate neuerer Forschung erscheint es unangemessen, weiterhin sämtliche Ausdrucksformen des

338 Lange, S. 315.

339 Holbach, *System*, S. 346; cf. Plechanow, *Beiträge*, S. 19 f.

340 Ibid., S. 366; cf. S. 33.

341 Ibid., S. 363.

französischen Materialismus ohne nuancierenden Vorbehalt mit dem Beiwort »mechanisch« (oder »mechanistisch«) zu versehen. Vollends verfehlt wäre die Reduktion seiner »Realitätserfahrung« auf ein – als säkulares Programm verstandenes – Denken *»sub specie machinae«*[342]. So richtig es ist, dass Materialisten auch noch des 18. Jh. darauf abzielen, die *Maschine* zum »Seinsprinzip« zu erheben[343], so sehr hat sich, gegenüber dem mechanistischen Weltbild des 17. Jh., ihre *wissenschaftsgeschichtliche* Ausgangslage geändert. Die bisher selbstverständliche Gleichsetzung von »materiell« und »mechanisch« wird allmählich zum *Problem*. Ins Blickfeld kommen jetzt außer den elementaren Befunden der Mechanik auch chemische, naturgeschichtlich-biologische, physiologische und medizinische Tatsachen, deren Gesetzlichkeit – was vorerst nur vermutbar ist – sich in der mechanischen nicht erschöpft. Die Reduktion der höheren Seinsbereiche auf das Zufallsspiel der Atome leuchtet immer weniger ein; es geht jetzt nicht mehr nur darum, im Stil des älteren Materialismus das einheitliche Prinzip alles Seienden zu finden. Die Materialismen des 18. Jh. rechnen von vornherein mit komplexen Strukturen einer in sich heterogenen Wirklichkeit. Daher ihre häufig *dynamistisch-vitalistische* Ausdrucksweise, die sie eher mit der Stoa als mit dem Atomismus verbindet[344]. – Eine eigenartig ambivalente Bedeutung gewinnt der aufs 18. Jh. bezogene Begriff des *mechanischen Materialismus* in der marxistischen Literatur. Diese zählt die Schriften La Mettries, Helvétius', Holbachs und Diderots einerseits zu den »unmittelbaren Quellen des dialektischen und

---

342 Baruzzi, S. 7.

343 Ibid., cf. S. 11 f.

344 Olivier Bloch, *Le matérialisme* cf. S. 71.

historischen Materialismus«[345], andererseits beanstandet sie, unter Berufung auf Engels, deren (freilich objektiv bedingte) Mängel. »Der Materialismus des vorigen Jahrhunderts«, heißt es in Engels' Feuerbachschrift (1888), »war vorwiegend mechanisch, weil von allen Naturwissenschaften damals nur die ... Mechanik der Schwere ... zu einem gewissen Abschluß gekommen war. Die Chemie existierte nur erst in ihrer kindlichen, phlogistischen Gestalt. Die Biologie lag noch in den Windeln; der pflanzliche und tierische Organismus war nur im groben untersucht und wurde aus rein mechanischen Ursachen erklärt; wie dem Descartes das Tier, war den Materialisten des 18. Jahrhunderts der Mensch eine Maschine. Diese ausschließliche Anwendung des Maßstabes der Mechanik auf Vorgänge, die chemischer und organischer Natur sind und bei denen die mechanischen Gesetze zwar auch gelten, aber von anderen, höheren Gesetzen in den Hintergrund gedrängt werden, bildet die eine spezifische, aber ihrer Zeit unvermeidliche Beschränktheit des klassischen französischen Materialismus.« Dessen »zweite spezifische Beschränktheit ... bestand in seiner Unfähigkeit, die Welt als einen ... in einer geschichtlichen Fortbildung begriffenen Stoff aufzufassen. Dies entsprach dem damaligen Stand der Naturwissenschaft und der damit zusammenhängenden metaphysischen, d. h. antidialektischen Weise des Philosophierens. Die Natur ... dreht sich nach damaliger Vorstellung ... ewig im Kreise und ... erzeugte immer wieder dieselben Ergebnisse. ... Die Geschichte der Entwicklung der Erde, die Geologie, war noch total unbekannt, und die Vorstellung, daß die heutigen belebten Naturwesen das Ergebnis einer langen Entwicklungs-

345 Geißler, S. 7.

reihe vom Einfachen zum Komplizierten sind, konnte damals wissenschaftlich überhaupt nicht aufgestellt werden«[346]. Für Engels und seine unmittelbaren Schüler beruht der *vor- und undialektische Aspekt* des französischen Materialismus einerseits darauf, dass er die Kategorien der Mechanik auf das *gesamte* materielle Sein überträgt, andererseits auf dem »Fehlen jeder Idee von Evolution«[347]. Wenn Plechanow Diderot »geniale Ausblicke« bescheinigt, die »den bedeutendsten ... modernen Evolutionisten« zur Ehre gereicht hätten, versäumt er nicht darauf hinzuweisen, dass sie dem »Wesen« seiner Naturkonzeption äußerlich bleiben[348]. Engels' und Plechanows Urteile zeugen, besonders hinsichtlich der zweiten Jahrhunderthälfte, von einem vereinfachenden Bild der wissenschaftsgeschichtlichen Tatsachen. In ihrer kanonisierten, nicht zuletzt *politischer* Abgrenzung dienenden Form mussten sie allzu monolithische Vorstellungen vom französischen Materialismus begünstigen. So ist der Vorwurf, dessen »Auffassung der Natur« sei »unhistorisch«[349], bezogen auf Diderot, völlig unzutreffend. Kraft der Beweglichkeit seines Geistes, betont Cassirer, »wird Diderot einer der ersten, der das *statische* Weltbild des achtzehnten Jahrhunderts überwindet und es in ein rein dynamisches verwandelt. Alle begrifflichen Schemata, alle bloß-klassifikatorischen Versuche erscheinen ihm eng und unzulänglich ... Es ist vergebens, der Natur Schranken zu setzen und sie in unsere Arten und Gat-

346 MEW 21, S. 278; 278 f.
347 Plechanow, *Beiträge*, S. 21.
348 Ibid.
349 MEW 21, S. 279.

tungen einfügen zu wollen. Sie kennt nur Verschiedenheiten, nur durchgängige Heterogenität. Keine ihrer Formen bleibt sich selbst gleich«[350].

Von Locke zu Condillac: Der erkenntnistheoretische Sensualismus

Während Voltaire und seine Mitstreiter innerhalb der deistischen, von Newton und Locke gesetzten Schranken verbleiben, werden diese von den Materialisten niedergerissen. Der Deismus lehrt einen transzendenten, personalen Welturheber, der Materialismus verneint ihn. Dennoch können Vertreter beider Auffassungen sich auf die Gravitationslehre Newtons berufen. Die Deisten verweisen auf seine Religiosität, die ein *immaterielles*, die Materie in Bewegung setzendes Wesen postuliert. Demgegenüber sehen die Materialisten die (über Newtons religiöse Befangenheit hinausführende) Folgerichtigkeit der Newton'schen Physik auf ihrer Seite. Diese impliziert, dass die Bewegung der Materie nicht auf einem äußerlichen Anstoß beruht, sondern ihr selbst von Ewigkeit innewohnt[351] – Der Übergang von der deistischen Aufklärung zum Materialismus bietet noch einen anderen, den *erkenntnistheoretischen* Aspekt. Das dafür zuständige Werk von wahrhaft säkularer Bedeutung war Lockes berühmter *Essay*, dessen nüchtern-analytische Denkweise den Franzosen gelegen kam. Gerechtfertigt wurde hier, wie Marx anmerkt, die »Philosophie des *bon sens*«. Auf »einem Umweg« belehrte Locke die Franzosen darüber, »daß es keine

350 Cassirer, S. 120; 121; cf. Winter, S. 18 ff.

351 Cf. Hettner, S. 265 f.

von den gesunden Sinnen und dem auf ihnen basierenden Verstand unterschiedne Philosophie gebe«[352]. Lockes grundlegende Untersuchung der menschlichen Intelligenz ergänzte die materialistische Kritik der Theologie und Metaphysik des 17. Jh. »Man bedurfte«, so wiederum Marx, »eines Buches, welches die damalige Lebenspraxis in ein System brachte und theoretisch begründete.« Lockes Werk erfüllte diese *positive* Aufgabe. Es »kam wie gerufen von jenseits des Kanals« und »wurde enthusiastisch als ein sehnlichst erwarteter Gast empfangen«[353]. – Lockes empiristische Lehre vom *Ursprung unserer Ideen* leitet eine Entwicklung ein, die in Frankreich über einen extremen Sensualismus zum Materialismus führt. Ist davon auszugehen, dass – entgegen cartesianischer Ansicht – dem individuellen Bewusstsein ursprünglich keine Begriffe, Grundsätze oder Wahrheiten eingeboren sind, ist es einer *tabula rasa* vergleichbar, so können seine Inhalte stets nur von außen kommen. Alles Wissen entstammt der *Erfahrung*. Diese besteht Locke zufolge entweder aus *ideas of sensation*, die durch Sinneseindrücke äußerer Gegenstände zustande kommen; oder aber aus *ideas of reflection*, die sich nicht auf diese Gegenstände selbst beziehen, sondern auf die Art, wie unser Verstand die von ihnen gelieferten Eindrücke ordnet, begrifflich verarbeitet und kombiniert. Auf unserem Wissen von diesen Aktivitäten und Leistungen des Verstandes beruht das psychologisch-zergliedernde Verfahren der Lockeschen Erkenntnistheorie, die seine Reichweite erkundet. Entspringen der äußeren Erfahrung (Sensation) Vorstellungen wie die des Roten und Weißen, des Heißen und Kalten, des Harten und Weichen, so bringt die innere Erfah-

352 MEW 2, S. 137.
353 Ibid., S. 135.

rung (Reflexion) Vorstellungen etwa des Wahrnehmens und Denkens, des Zweifelns, Glaubens, Wissens und Wollens hervor. Diese Klasse von Vorstellungen bildet die Grundlage der Psychologie, jene die der Physik[354]. Andere Vorstellungen wie die von Lust und Unlust, von Wirklichkeit oder Dasein, von Einheit, Kraft und zeitlicher Abfolge entstammen *beiden* Quellen unserer natürlichen Erkenntnis[355]. Lockes methodischer Ausgang von der Unmittelbarkeit sinnlicher Bewusstseins-Daten darf nicht idealistisch verstanden werden. Die subjektive »Genesis unserer Begriffe« ist mit der »Genesis der Welt«[356] keineswegs identisch. Locke weiß sich in der Tradition von Bacon und Hobbes. »Er ist insofern Materialist, als es für ihn ... keinen Zweifel darüber gibt, daß die Wirklichkeit von der Physik und den positiven Wissenschaften getroffen wird«[357]. Seine erkenntnistheoretischen Erwägungen setzen die »mechanische Atomistik«[358] in ihrer fortgeschrittensten Gestalt voraus. Sie liefern weder materiale (oder letztinstanzliche) Aussagen über die Wirklichkeit noch beabsichtigen sie, diese – im idealistischen Sinn – zu »begründen«[359]. Locke will die Naturwissenschaft seiner Zeit ergänzen durch eine ihr gemäße Bewusstseinslehre. Dabei steht für ihn fest, dass das Bewusstsein abhängig und auf die Außenwelt angewiesen ist. So jedenfalls haben die französischen Aufklärer seinen Empirismus verstanden. »Nachdem so viele Denker«, schreibt Voltaire, »den Roman der Seele

354 Cf. Horkheimer, *Gesch. d. neueren Phil.*, S. 318.
355 Cf. Locke 1, S. 138 ff.
356 Horkheimer, *Gesch. d. neueren Phil.*, S. 322.
357 Ibid.
358 Ibid.
359 Cf. ibid., S. 323.

ersonnen hatten, kam ein Weiser, der einfach ihre Geschichte schrieb; Locke hat vom Menschen den menschlichen Verstand abgeleitet, so wie ein hervorragender Anatom die Triebkräfte des menschlichen Körpers erklärt. Allenthalben nimmt er die Fackel der Physik zu Hilfe«[360]. – Obwohl bereits Locke den Erkenntnisprozess als *Naturprozess* betrachtet, geht er seinem Meisterschüler und Kritiker Etienne Bonnot, Abbé de Condillac (1715–1780), nicht weit genug. Entschiedener als Locke selbst bestreitet sein »*französischer* Dolmetscher«[361], wie Marx Condillac nennt, die Spontaneität und Aktivität des menschlichen Geistes. Seine Schriften *Essai sur l'origine des connoissances humaines* (1746) und *Traité des sensations* (1754) enthalten die *erkenntnistheoretischen Grundlagen* des französischen Materialismus. Sie befruchten die einschlägigen Debatten der Zeit und werden dem englischen Original vorgezogen. An diesem beanstandet Condillac die *zweite*, introspektive Quelle der Erkenntnis. Sie wird von Locke neben der Sinneswahrnehmung ausdrücklich anerkannt und als Reflexion, d. h. »Wahrnehmung des eigenen Geistes in uns« bezeichnet, »der sich mit den ihm zugeführten Ideen beschäftigt« und sich dabei »mit einer anderen Reihe von Ideen aus(stattet), die durch Dinge der Außenwelt nicht hätten erlangt werden können«[362]. Demgegenüber ist Condillac (unter dem Einfluss Berkeleys*)* darauf bedacht, alles die Erkenntnis Betreffende auf *ein* Prinzip zurückzuführen: *Penser est sentir.* Der Locke'sche Dualismus von Sinnesempfindung und Reflexion ist ein zu beseitigendes Überbleibsel schlechter Metaphysik. Lockes »Reflexion«

360 Voltaire, S. 49.
361 MEW 2, S. 137.
362 Locke 1, S. 108.

oder »innerer Sinn«[363] ist keine eigenständige Erkenntnisquelle, sondern die weiterentwickelte und in sprachliche Form überführte äußere Wahrnehmung: *la sensation transformée*[364]. Der auf dieser Grundlage von Condillac entwickelte *Sensualismus* besteht in der systematischen Reduktion *alles Geistigen* auf Sinnesempfindungen. Er geht notwendig in Materialismus über, sobald eine spirituelle, ihre Zustände und Tätigkeiten selbst erzeugende Seele entfällt und die mit der Sensation einhergehenden Tatbestände den körperlichen Sinnesorganen oder dem Gehirn zugeschrieben werden. Condillac, dessen theologische Vorbehalte gegen diese (seinem philosophischen Programm innewohnende) Konsequenz offensichtlich sind, zögert denn auch, unumwunden die Materialität der Seele zu behaupten. Die sinnliche Empfindung, versichert er, kommt nicht dem Leib, sondern der Seele zu. Condillac verweilt bei diesem heiklen Thema, da er, zu Recht, eine materialistische Interpretation seines Vorgehens befürchtet. Dass sie unumgänglich sei, leuchtet ihm nicht ein, und er tadelt Lockes vorsichtige Erwägungen hinsichtlich der Denkfähigkeit hochorganisierter Materie. Zwar erkennen wir Condillac zufolge weder das *Wesen* des Körpers noch das der Seele. Aber beide Substanzen besitzen uns zugängliche Grundeigenschaften, ohne die ihre sonstigen Eigenschaften unmöglich wären. Die Grundeigenschaft des Körpers ist Ausdehnung, die der Seele nicht, wie Descartes lehrt, das Denken, sondern sinnliches Empfinden. Körper und Seele sind getrennt zu betrachten; diese erkennt als einheitliches Subjekt, jener ist ein Aggregat. Die Empfindung (als rein psychischer Akt) wird durch den Körper höchstens

363 Ibid., S. 109.

364 Cf. Condillac, *Oeuvres complètes* 3, S. 14.

veranlasst, nicht verursacht. Hieraus folgt, dass die Seele – prinzipiell – Kenntnisse auch ohne Zutun der Sinne erwerben kann. Condillac beeilt sich jedoch hinzuzufügen, dass diese absolute Unabhängigkeit nur vor dem Sündenfall bestand (und vielleicht wieder nach dem Tode bestehen wird). »Die Dinge«, erklärt er, »haben sich grundlegend geändert durch den Ungehorsam der Seele gegenüber Gott«, der ihr zur Strafe alle Macht genommen hat: »Sie ist jetzt so weitgehend von den Sinnen abhängig, als wären diese die physische Ursache dessen, was sie nur okkasionell hervorrufen; und es gibt jetzt für die Seele keine anderen Erkenntnisse mehr als die von den Sinnen vermittelten. ... Aber gerade diesen Zustand der Seele will ich erforschen, den einzigen, der Gegenstand der Philosophie sein kann, denn er ist der einzige, den die Erfahrung unserer Erkenntnis zugänglich macht. Wenn ich also sage, *daß wir keinerlei Ideen haben, die uns nicht von den Sinnen herkommen*, so spreche ich ausdrücklich nur von dem Zustand, in dem wir uns seit der Erbsünde befinden. ... Also geht es nicht darum, die Seele als unabhängig vom Körper zu betrachten, denn ihre Abhängigkeit ist nur zu offensichtlich«[365]. – Condillacs Methode ist die eines beobachtenden Naturforschers, der alle Metaphysik verwirft, die sich einbildet, »das Wesen der Dinge und die verborgensten Ursachen aufzudecken«[366]. Seine eigenen, bescheideneren Forschungen bewegen sich innerhalb der »beschränkten Möglichkeiten des menschlichen Geistes«[367]. Aber sie orientieren sich an klaren, empirisch ausgewiesenen Begriffen. Condillac ist darauf aus, »eine erste Erfahrung zu entdecken,

365 Condillac, *Ursprung*, S. 70; cf. S. 68.
366 Ibid., S. 57 f.
367 Ibid., S. 58.

die niemand bezweifeln kann und mit deren Hilfe alle anderen sich erklären lassen«[368]. Dieses eine Prinzip wird »weder eine vage Behauptung noch eine abstrakte Maxime sein ..., vielmehr eine ständige Erfahrung, deren sämtliche Folgerungen durch neue Erfahrungen bestätigt werden«[369]. Locke, sagt Condillac, hat unsere Ideen hinsichtlich ihrer »Entstehung und Entwicklung«[370] ungenügend erforscht. Deshalb nimmt er an, »daß die Seele, sobald sie durch die Sinne Ideen empfängt, diese nach Belieben wiederholen, zusammensetzen, miteinander in unendlicher Vielfalt verbinden und alle Arten von komplexen Begriffen bilden kann. Es ist jedoch offenbar, daß wir in der Kindheit Empfindungen haben, lange bevor wir in der Lage sind, daraus Ideen zu bilden. Da also die Seele nicht von Anfang an die Befähigung zu all diesen Operationen hat, mußte zunächst dargelegt werden ..., wie die Seele diese Befähigung erwirbt und wie dieselbe sich entwickelt«[371]. In dem Maße, in dem Locke es versäumt, die Erkenntnis historisch-genetisch zu betrachten, *überschätzt* er die Kreativität ihres Subjekts. Hierin liegt Condillacs Haupteinwand gegen das idealistische Moment seiner Philosophie. Bildet nämlich die Reflexion keine selbstständige Quelle des Wissens, weil sie nicht nur die Empfindung voraussetzt, sondern deren Modifikation ist, so ist auch das Kombinieren von Ideen kein freier, sondern ein determinierter Akt. Locke verbindet mit dem Subjekt der Erkenntnis ein »aus einem aktiven Zentrum heraus erfolgend(es) Schalten

368 Ibid., S. 60.
369 Ibid.
370 Ibid., S. 59.
371 Ibid., S. 62.

mit gegebenen Vorstellungen«[372]. Er lässt die »Begriffs- und Urteilsbildung« als Funktionen zu, die zum sinnlich Bedingten »gleichsam von oben her«[373] hinzutreten. Da Condillac keinen »unabhängigen Geist«, kein »personhaftes Zentrum«[374] anerkennt, verliert für ihn die Locke'sche Trennung von Sensation und Reflexion ihren Sinn. Seine Aufgabe ist es, die vermeintlichen Produkte geistiger Aktivität aus Empfindungen und ihren Derivaten hervorgehen zu lassen. So ist, was wir das Ich eines Menschen nennen, lediglich die Sammlung und Funktion seiner aktuellen Sinneseindrücke, verknüpft mit jenen, die das Gedächtnis in ihm zurückruft. Alle Erinnerung ist eine Spur von früher Empfundenem reproduzierende Empfindung. Ein Begriff ist eine abstrakte, in vielen anderen Vorstellungen enthaltene Vorstellung. Urteile entstehen aus dem Vergleich; sie drücken Unterschiede und Identitäten aus innerhalb einer Menge von Empfindungen. Die Vorstellung von Zahl und Dauer ergibt sich daraus, dass mehrere erlebte Zustände unterschieden werden. »Alle diese Beziehungen ... sind sekundäre Funktionen der Zufuhr von Empfindungen durch die Sinne, sind aus der Erfahrung abgeleitet, ... durch sie erworben und gehen keineswegs von einem inneren, rein geistigen Zentrum aus.«[375] – Am kohärentesten entwickelt Condillac seinen Grundgedanken im *Traité des sensations*, dessen Aufbau einem systematischen Plan folgt. Die hier dargelegte »Naturgeschichte der Seele«[376] verrät spekulativen Ehrgeiz. Sie begnügt sich nicht damit,

372 Horkheimer, *Gesch. d. neueren Phil.*, S. 354.
373 Ibid.
374 Ibid.
375 Ibid.
376 Cassirer, S. 135.

»einfach Beobachtungen aneinanderzureihen«[377]. Condillac will das *Werden* der geistigen Operationen in ihrer fortschreitenden Mannigfaltigkeit darstellen und dabei »in seine eigentlichen Triebfedern eindringen«[378]. Diese liegen jedoch, wie er rasch erkennt, nicht im Spekulativen, rein Betrachterischen. Um die verborgene, hinter »all den Metamorphosen der Seele« wirkende *Kraft* zu erfassen, »die sie bei keiner Gestalt ruhen läßt, sondern ... zu immer neuen Gebilden ... weiter treibt, muß man ein ursprünglich-bewegendes Prinzip in ihr annehmen. Dieses Prinzip kann nicht im bloßen Vorstellen und Denken, sondern ... nur im Begehren und Streben gefunden werden. So ist der Trieb früher als die Erkenntnis und bildet die unentbehrliche Voraussetzung für sie.«[379] Schon auf der Stufe des Empfindens beginnen Genuss und Leiden, je nachdem, ob der je gegenwärtige Eindruck angenehm oder unangenehm ist.[380] Hier bereits erweisen »Lust und Schmerz« sich als das »einzige Prinzip«, das die Tätigkeiten der Seele bestimmt und diese daher »stufenweise zu allen Kenntnissen erheben muß, deren sie fähig ist«[381]. Damit aber ist die nur theoretische Sphäre verlassen, und praktische Interessen, Bedürfnisse und Neigungen werden für den Fortgang der seelischen Dynamik maßgebend. Hierin folgt Condillac Lockes Analyse der Willensphänomene, der zufolge menschliche Handlungen keineswegs durch theoretische Voraussicht und Antizipation eines erstrebten Gutes ausgelöst werden, sondern durch eine Unlust, ein *Unbehagen*

377 Ibid.
378 Ibid.
379 Ibid., S. 136.
380 Cf. Condillac, *Abhandlung* 2.
381 Ibid., S. 3.

(*uneasiness*), das unser Wollen, als dessen entscheidender Impuls, bald auf dieses, bald auf jenes Objekt richtet. Bewegende Kraft kommt nicht dem vorgestellten oder (*sub specie* des Besseren oder Schlechteren) erwogenen Ziel des Wollens zu, sondern allein diesem Unbehagen[382]. Freilich geht Condillac insofern über Locke hinaus, als er in der *Unruhe* (*inquiétude*) den Hebel nicht nur der Willensakte, sondern des *gesamten* Seelenlebens erblickt. Er ist überzeugt, nachweisen zu können, dass sie »das ursprüngliche Prinzip ist, das uns die Fähigkeit gibt, zu tasten, zu sehen, zu hören, zu riechen, zu schmecken, zu vergleichen, zu urteilen, zu überlegen, zu begehren, zu lieben, zu hassen, zu glauben, zu hoffen, zu wollen; kurz: daß durch sie alle körperlichen und seelischen Fähigkeiten entstehen«[383]. Gleichzeitig bewirkt dieses fundamentale Prinzip, dass jene Fähigkeiten aus ihrer Selbstbezüglichkeit heraustreten und übergehen zur Aneignung der *Welt*. »Was würde ich wohl sein«, fragt Condillac, »wenn ich, immer auf mich selbst konzentriert, nie versucht hätte, meine Daseinsweisen nach außen zu verlegen? Sobald jedoch der Tastsinn meine anderen Sinne unterweist, sehe ich Außendinge, die durch die Lust- oder Schmerzgefühle, die sie mir verursachen, meine Aufmerksamkeit auf sich ziehen. Ich vergleiche, beurteile sie, fühle das Bedürfnis, sie aufzusuchen oder vor ihnen zu fliehen; ich begehre, liebe, hasse, fürchte sie. Jeden Tag erwerbe ich neue Kenntnisse, und alles, was mich umgibt, wird zum Hilfsmittel meines Gedächtnisses, meiner Einbildungskraft und aller meiner Seelentätigkeiten.«[384] Freilich bringt es die Bedingtheit

382 Ibid., cf. XXXVII; Cassirer S. 136 f.

383 Condillac, *Abhandlung* XXXVII.

384 Ibid., S. 210 f.

menschlichen Handelns durch Bedürfnisse, Begierden und Interessen mit sich, dass es sich die Welt *selektiv* aneignet. Ich untersuche, betont Condillac, »die Dinge nur insoweit ..., als ich aufzusuchende Freuden oder zu meidende Schmerzen zu entdecken glaube«[385]. Sensualismus und Hedonismus sind bei Condillac (wie bei den französischen Materialisten insgesamt) von Anbeginn ineinander verwoben. »Unsere Kenntnisse und Leidenschaften«, erklärt er, »(sind) die Wirkung der Lust- und Schmerzgefühle ..., die die sinnlichen Eindrücke begleiten«[386]. – Berühmt geworden ist Condillacs Erläuterung seiner Ausgangsthese anhand einer fingierten Marmorstatue, der nacheinander vom Geruchs- bis zum Tastsinn sämtliche Empfindungsarten mitgeteilt werden. Die sich hieraus ergebende Abfolge von Erkenntnisstufen ist Gegenstand des *Traité*, dessen konstruktives Verfahren mit den höchst bescheidenen Kenntnissen der auf den Geruchssinn beschränkten Statue beginnt. Was wir ihr Ich (oder Bewusstsein) nennen, ist auf dieser Stufe noch schiere Empfindung. Die jeweils gerochenen Düfte sind ihre einzigen »Modifikationen oder Daseinsweisen«. Auf den Gedanken, »es existiere etwas, das dem von uns Materie Genannten ähnlich ist«[387], kann sie nicht kommen. Zum bloßen Erfassen solcher Eindrücke tritt jedoch die Aufmerksamkeit hinzu, d. h. ein Verweilen bei ihnen nach Maßgabe der durch sie hervorgerufenen Lust oder Unlust. Wie die Aufmerksamkeit nur an jenen Sinneserlebnissen haftet, die Bedürfnissen des Ichs entsprechen, so lassen diese – im Akt der Erinnerung – jene Vorstellungen wiedererstehen, die sie zuvor erzeugt hatten. Ähnlich

385 Ibid., S. 211.
386 Ibid., S. 214.
387 Ibid., S. 1.

verhält es sich mit den übrigen Stufen der Erkenntnis. Condillacs Gedankenexperiment soll die Möglichkeit dartun, schon aus einer Art sinnlicher Eindrücke nicht nur sämtliche Denkoperationen abzuleiten, sondern auch moralische und ästhetische Kategorien. Soweit Condillac metaphysische Fragen behandelt, die sich aus der Betrachtung des Ursprungs der Ideen ergeben, werden positivistische Einflüsse Berkeleys, auch Humes erkennbar. Über die Beschaffenheit äußerer Dinge, davon geht Condillac aus, können unsere Empfindungen uns nicht belehren. Empfunden werden keine Substanzen, sondern Qualitäten, die nicht außer uns, sondern Modifikationen unseres Empfindens sind. Ebensowenig erfahren wir uns selbst als Substanzen; was uns als »Ich« bewusst wird, ist lediglich eine Sammlung von Empfindungen, die sich im Wechsel ihrer Bestandteile identisch durchhält. Gleichwohl zögert Condillac, seinen Sensualismus skeptisch oder subjektiv-idealistisch zu verstehen. Dem – der Statue zuletzt zugeführten – Tastsinn kommt eine besondere Rolle zu. Er befestigt in uns (über das Erlebnis der Widerständigkeit und Solidität der Körper) die Überzeugung von der Realität der Außenwelt. Diese erweist sich als objektive Quelle unserer Empfindungen und bringt aus eigener Kraft Veränderungen hervor. Zur unmittelbaren Gewissheit der Existenz äußerer Dinge gehört für Condillac auch, dass die von ihnen veranlassten Empfindungen keine bloßen Gegebenheiten eines erkenntnistheoretischen Bewusstseins sind, sondern stets auch somatische Zustände realer Menschen[388].

388 Cf. Adorno, *Negative Dialektik,* S. 191 ff.

Vom Sensualismus zum gesellschaftstheoretisch gewendeten Materialismus

Angesichts der erheblichen Schwierigkeiten, denen Condillacs Versuch sich aussetzt, die Reflexion als Erkenntnisquelle eigenen Rechts zu beseitigen und sie in sinnlicher Rezeptivität aufgehen zu lassen, bleibt zu fragen, weshalb die Zeitgenossen seiner Weiterentwicklung der Locke'schen Erkenntnislehre ein so lebhaftes Interesse entgegenbrachten. Der Grund liegt in der schon von Condillac selbst angedeuteten Möglichkeit einer *milieu-* und *gesellschaftstheoretischen* Auslegung des Sensualismus. »Der Mensch«, so lautet das Fazit des *Traité*, »ist nur die Summe dessen, was er erworben hat. Die miteinander verglichenen Lust- und Schmerzgefühle, d. h. unsere Bedürfnisse sind es, die unsere Fähigkeiten üben. Ihnen verdanken wir mithin das Glück, Genüsse zu haben. So viele Bedürfnisse, so viele verschiedene Genüsse; so viele Grade im Bedürfnis, so viele Grade im Genuß. Hier ist der Keim zu allem, was wir sind, die Quelle unseres Unglücks oder unseres Glücks. Den Einfluß dieses Prinzips zu beobachten ist also das einzige Mittel, wenn wir uns selbst erforschen wollen.«[389] Dabei ist jene »Quelle unserer Erkenntnis und unserer Gefühle« offenbar »nicht für alle Menschen gleich ergiebig«[390]. – Ist unser gesamtes Denken und Handeln zu *erklären* aus Sinneseindrücken, so *basiert* es auf dem »Zusammenwirken der wirklichen Umwelt und unserer physiologischen Beschaffenheit«[391]. Dann lassen sich indivi-

389 Condillac, *Abhandlung*, S. 215 f.

390 Ibid., S. 214.

391 Horkheimer, *Gesch. d. neueren Phil.*, S. 356.

duelle Bewusstseins- und Verhaltensweisen, Intelligenz und Dummheit, Tugend und Laster nicht mehr »aus einer höher oder tiefer gestimmten Seele ... ableiten« oder »aus unterschiedenen Stufen der Begnadung«[392]. Es liegt jetzt nahe, diese sozio-kulturellen Tatsachen auf die objektiven Verhältnisse zu beziehen, aus denen – bei ursprünglich gleichen Fähigkeiten – Individuen hervorgehen, die stark voneinander abweichen. Als wesentliche Determinanten des Seins und der Entwicklung der Menschen erweisen sich nun, wie Horkheimer unterstreicht, »die Gestaltung der sozialen Zustände, die gesellschaftliche Situation, die Erziehung und die Arbeit des einzelnen«[393]. Die »bewußte Einrichtung der Realität«[394] verdrängt als irdisches Ziel die religiösen, aufs Jenseits gerichteten Bestrebungen. Hierin reflektiert sich der »materialistische Wesenszug der Aufklärung, durch den ... sie mit den modernen soziologischen, historisch-materialistischen Theorien verwandt ist und in gewisser Weise deren Vorläufer war«[395]. – Marx hat in der *Heiligen Familie* die »sozialistische Tendenz«[396] des aus der sensualistischen Erkenntnislehre hervorgehenden Materialismus nachdrücklich hervorgehoben: »Wenn der Mensch aus der ... Erfahrung in der Sinnenwelt alle Kenntnis, Empfindung etc. sich bildet, so kommt es also darauf an, die empirische Welt so einzurichten, daß er das wahrhaft Menschliche in ihr erfährt. ... Wenn der Mensch von den Umständen gebildet wird, so muß man die Umstände menschenähnlich bilden. ... Diese und ähnliche Sätze

392 Ibid.
393 Ibid.
394 Ibid.
395 Ibid.
396 MEW 2, S. 138.

findet man fast wörtlich selbst in den ältesten französischen Materialisten.«[397] Neben (und aus) den physikalischen Materialismen entsteht im vorrevolutionären Frankreich eine *zweite* materialistische Erklärungsweise, die in der Folge immer wichtiger wird und sich, um mit Horkheimer zu reden, auf die These reduziert, »daß die wirklichen Veränderungen in Natur und Gesellschaft als Ursachen der Veränderungen im Bewußtsein des einzelnen und der Kultur überhaupt anzusehen seien und nicht umgekehrt«[398].

Materialisten der ersten Jahrhunderthälfte

Während der ersten Hälfte des 18. Jh. stellt der Materialismus sich in Frankreich hauptsächlich in einer *clandestinen* Literatur dar: in Texten dunkler Herkunft, die als immer wieder abgeschriebene und bearbeitete Manuskripte zirkulieren oder aber als übersetzte Kompilationen älterer, im Ausland entstandener Druckschriften, deren Verfasser sich häufig nicht ermitteln lassen[399]. Quellen dieser Literatur, die erst neuerdings genauer studiert wird, sind neben der *Skepsis* des 16. Jh. (Montaigne, Charron) Überlieferungen eines pantheistischen, in der italienischen Renaissance wurzelnden *Freidenkertums* (Pomponazzi, Bruno, Vanini). Entsprechende Motive finden sich in Manuskripten aus dem 17. und frühen 18. Jh.[400] Verbreitet werden sie unter suggestiven Titeln wie *Theophrastus redivivus* (1659); *Jordanus Brunus*

397 Ibid.
398 Horkheimer, *Gesch. d. neueren Phil.*, S. 357.
399 Cf. Olivier Bloch, *Le matérialisme,* S. 68.
400 Cf. Starke, S. 195.

redivivus; *Croyance des matérialistes* (vor 1698); *De l'âme matérielle*; *Lettre sur l'activité de la matière* (vor 1723). – Daneben gibt es authentische Werke der Frühaufklärung, die den streitbaren Materialismus von Enzyklopädisten wie Helvétius oder Holbach vorwegnehmen. Zu ihnen zählt das dreibändige *Mémoire des pensées et des sentiments de Jean Meslier*, dessen seit 1734/35 zirkulierendes Manuskript 1762 von Voltaire auszugsweise (und hinsichtlich der ökonomischen Forderungen Mesliers »gereinigt«) herausgegeben wurde. Eine weitere Auswahl publizierte Maréchal 1789. Erst mit der 1864 erfolgten Edition von Charles unter dem Titel *Le testament de Jean Meslier* lag dessen Werk ungekürzt vor. Meslier (1664–1729 oder 1733) ist fraglos eine der bedeutendsten Figuren der Geschichte des Materialismus. Ohne je öffentlich aufzutreten, verbringt Meslier sein Leben in ländlicher Abgeschiedenheit. Er ist Dorfgeistlicher von Etrépigny in der Champagne. Sein Amt versieht Meslier stets gewissenhaft. Als aufmerksamer Beobachter der feudalen Herrschaftsverhältnisse wird er indessen bald zum leidenschaftlichen Fürsprecher der unterdrückten, dem Elend preisgegebenen Bauern. Die unerhörte Schärfe seiner Religions- und Sozialkritik entspringt eigener Anschauung[401]. Das an die Dorfbewohner gerichtete *Testament* hat Meslier, fast erblindet, kurz vor seinem Tod niedergeschrieben. In diesem einzigartigen Dokument entlädt sich die während seines Lebens angestaute Empörung gegen die Zustände Frankreichs unter Ludwig XIV. Als erster verbindet Meslier einen radikalen *Atheismus* mit offen *revolutionären* und *utopisch-sozialistischen* Forderungen, mit denen er eine Tradi-

401 Cf. Girsberger, S. 122 ff.

tion begründet, die zu Babeuf führen wird. – Meslier ist ein literarisch, theologisch und philosophisch gebildeter Schriftsteller, der sich der Bibel ebenso zu bedienen weiß wie der Kirchengeschichte oder der patristischen Literatur. Er ist vertraut mit antiken Autoren wie Lukrez, Ovid, Tacitus und Plinius[402]. Unter seinen modernen Gewährsleuten ist Montaigne der im *Testament* wohl am häufigsten angeführte Verfasser. Mit Sicherheit gekannt hat Meslier Bayle, Spinoza und Descartes. Dafür spricht der streng *rationalistische* Duktus und Aufbau seines Werks[403], das größtenteils aus *Religionskritik* besteht, angewandt auf das christliche Dogma und die Varianten des Deismus. In diesem Rahmen liefert Meslier ein ungeschminktes Bild der gesellschaftlichen und politischen Verhältnisse Frankreichs unter dem Absolutismus. Dem folgt ein philosophischer Teil, der die Frage nach Gott, der Seele und ihrer Unsterblichkeit *materialistisch* beantwortet. – Während Materialisten sich vorzugsweise auf empirische Befunde der Naturwissenschaften berufen, um ihre allgemeinsten Thesen zu unterbauen, verlässt sich Meslier, in *methodologischer* Hinsicht Cartesianer, auf die Beweiskraft logischer Argumente. Er ist davon überzeugt, dass auf metaphysischem Gebiet von »der Ewigkeit und Unabhängigkeit bestimmter erster und grundlegender Wahrheiten«[404] auszugehen ist. Sie zu verneinen, hieße auf das Licht vernünftigen Nachdenkens zu verzichten. Ihre Unumstößlichkeit ist die des Satzes 2 x 2 = 4. Diese Wahrheiten fassen sich für Meslier in dem »Prinzip« zusammen, dass es »eine Welt gibt«, die mit dem »materiellen, sinnlich

402 Cf. Dommanget, S. 141 ff.

403 Ibid., cf. S. 116 ff.

404 Testament 2, S. 340; eig. Übers.

wahrnehmbaren Sein« identisch ist, das kraft eigener Bewegung »alle Arten von Formen und Gestalten annimmt«[405]. Meslier empfiehlt, den »universellen und affektierten Zweifel« des Pyrrhonismus beiseite zu lassen, der »eher ein Spiel des Geistes ist als eine wahrhafte Überzeugung der Seele«. Folgen wir der Vernunft, die uns über die »Existenz des Seins« belehrt; »denn es ist, zumindest uns selbst, klar und deutlich, daß das Sein ist, daß wir nicht wären, geschweige denn den Gedanken des Seins hätten, wenn es das Sein nicht gäbe«[406]. Die Deisten, sagt Meslier, nennen das Sein oder die erste Ursache Gott, die Atheisten sprechen von Natur, materiellem Sein oder einfach von Materie[407]. An Namen liegt Meslier wenig, da sie am Wesen der Sache nichts ändern. Es liefe auf dasselbe hinaus, die *prima causa* Gott, Natur oder Materie zu nennen, würde nicht seitens der Deisten »der Kraft, alle Dinge hervorzubringen und zu lenken, eine höchste, mit allmächtigem Willen gepaarte Intelligenz beigelegt«[408]. Nur vom materiellen Sein besitzen wir »eine klare und deutliche Vorstellung«. Es ist ebenso unerschaffen und ewig wie Raum und Zeit [409]. Das »angeblich immaterielle und göttliche Sein dagegen ist völlig unbekannt, ungewiß und zweifelhaft«[410]. Alles Seiende lässt sich zurückführen auf materielles Sein, das Solidität und Undurchdringlichkeit einschließt[411]. Wert legt Meslier auf die *Kritik des physikotheologischen Gottesbeweises.* Weder die Schönheit

405 Ibid., S. 344; eig. Übers.
406 Ibid., S. 325; eig. Übers.
407 Ibid., cf. S. 346.
408 Ibid., eig. Übers.
409 Ibid., cf. S. 317 f.
410 Ibid., S. 329; 330; eig. Übers.
411 Ibid., cf. S. 228; 382 f.

noch die Ordnung noch der Feinbau der Werke der Natur zeugen vom Dasein eines göttlichen Schöpfers. Was sie beweisen, ist die Weisheit der Natur selbst[412], der freilich erhebliche Unvollkommenheiten gegenüberstehen[413]. Die Absage an Teleologie verbindet Meslier mit Spinoza, den er von vornherein als Atheisten betrachtet[414]. Spinozistisch klingt auch Mesliers Argument, es sei lächerlich und absurd, ein Sein als allmächtig und unendlich vollkommen zu bezeichnen, wenn ihm zugleich jede sinnliche Wahrnehmbarkeit abgesprochen werde[415]. Die Philosophie Mesliers stellt, so gesehen, einen *materialisierten Spinozismus* dar, versetzt mit Elementen der antiken Atomistik und der cartesianischen Physik. – Meslier zögert nicht, seinen metaphysischen Materialismus auch auf die menschliche Seele anzuwenden. Wäre diese im Sinn des christlichen Spiritualismus zu verstehen, so müsste sie einheitlich, unausgedehnt und folglich gestaltlos sein. Sie wäre nicht, *was sie ist*: »etwas Wirkliches und Substanzielles«[416], das den Körper belebt und ihm Kraft und Bewegung verleiht. Hieraus zieht Meslier den kühnen Schluss, »daß die Seele notwendigerweise Körper und Materie ist, daß sie Ausdehnung hat; denn nichts Wirkliches und Substanzielles kann ohne Körper und Ausdehnung sein«[417]. Es gehört zum *Wesen des Seins*, körperlich und ausgedehnt zu sein; was weder Körper noch Ausdehnung ist, existiert nicht[418]. Der cartesianische Dualismus, sagt Meslier, ist des-

412 Ibid., cf. S. 306 ff.
413 Testament 3, cf. S. 220 ff.
414 Testament 2, cf. S. 291.
415 Testament 3, cf. S. 20 ff.
416 Ibid., S. 273, eig. Übers.
417 Ibid., eig. Übers.
418 Ibid., S. 274.

halb so zählebig, weil »unsere Gedanken, Erkenntnisse und Empfindungen weder rund noch viereckig sind und sich weder der Länge noch der Breite nach teilen lassen«. Gleichwohl sind auch sie »nur Modifikationen der Materie«, wobei es zu beachten gilt, »daß unsere Seele eine feinere und beweglichere Materie ist als jene gröbere Materie, aus der die Glieder und die sichtbaren Teile unseres Körpers bestehen. Also ist es klar und einleuchtend ..., daß unsere Seele weder geistig noch unsterblich ist.«[419] Meslier verteidigt seine These, die Seele sei »der freieste und subtilste Teil des Körpers«[420], gegen die von Malebranche in der Schrift *Recherche de la vérité* entwickelten Vorstellungen. Wie alle Cartesianer weigert sich auch er anzuerkennen, dass die Materie fähig ist zu denken, zu fühlen, zu begehren und zu wollen, zu lieben und zu hassen; er bildet sich ein, dass solche mentalen Akte, wenn man sie als Modifikationen der Materie betrachtet, wie diese aus dreidimensionalen Dingen bestehen müssten[421]. Dem vermag Meslier nicht zu folgen. Die Bewegung etwa ist wie die Ausdehnung eine Modifikation der Materie. Es ist jedoch klar, dass sie *an sich* weder rund noch quadratisch ist; aus ihrer möglicherweise runden, eckigen oder ovalen Verlaufsform folgt nicht, dass sie selbst solche dinglichen Eigenschaften hat[422]. Entsprechendes gilt von Leben und Tod, Schönheit und Hässlichkeit, Gesundheit und Krankheit, Stärke und Schwäche, die fraglos Modifikationen der Materie sind. Deshalb aber zu verlangen, sie sollten rund, vier-

---

419 Ibid., S. 303, eig. Übers.; cf. S. 304 f; S. 352 f.
420 Ibid., S. 280, eig. Übers.
421 Ibid., cf. S. 286 f.
422 Ibid., cf. S. 287.

eckig, teil- oder wägbar sein, wäre lächerlich[423]. Ebenso verhält es sich mit Tugenden und Lastern[424]. Dass Empfindungen, Gedanken und Affekte keine dinglichen Eigenschaften haben, beweist jedoch Meslier zufolge keineswegs ihre Spiritualität; denn alle Modifikationen der Materie können (und müssen) nicht alle ihre Eigenschaften aufweisen[425]. – Als *militanter Atheist* reiht Meslier sich ein in eine lange Kette antiker, mittelalterlicher und neuzeitlicher Religionskritiker[426]. Im Unterschied jedoch zur spöttelnden Freigeisterei eines Lukian oder Rabelais ist seine Argumentation streng *demonstrativ*. Darin drückt sich der *idealistische* Grundzug seiner Geschichtsauffassung aus. Meslier vertraut auf die Macht der *Vernunft*, die Menschen geistig zu befreien und ein naturgemäßes Leben zu begründen[427]. Er bekämpft daher die Religionen weniger als verklärenden Widerschein aufzuhebender Verhältnisse, sondern als *falsche Meinungen*, die politischen Machenschaften entspringen und dazu dienen, die Völker gefügig zu machen. Alle Religionen, ob heidnisch oder christlich, sind darin gleich. Sie bilden ein Gewebe aus *Irrtümern*, *Illusionen* und *Betrügereien*, das die Interessen der Reichen und Mächtigen begünstigt, die deshalb bestrebt sind, es in den Köpfen der Unteren zu befestigen[428]. Der Ursprung der Religionen hat mit übernatürlicher Offenbarung nichts zu tun. Sie alle sind *Erfindungen* abgefeimter, listiger Politiker und herrschsüchtiger Priester, die

423 Ibid., cf. S. 288.
424 Ibid., cf. S. 289.
425 Ibid., cf. S. 291.
426 Cf. Testament 2, S. 289 ff.
427 Cf. Girsberger, S. 124.
428 Cf. Testament 1, S. 30 ff.

durch Verführer und Betrüger weitergesponnen und von unwissenden und rohen Völkern angenommen und blind geglaubt wurden. Aufrechterhalten hat sie die Autorität unumschränkter Grundherren, die Missbräuche, Irrtümer, Aberglauben und Betrug gefördert und durch ihre Gesetze geheiligt haben, um die Menschen zügeln und mit ihnen machen zu können, was sie wollten[429]. – Während sich Meslier hinsichtlich seiner (offenbar von Platon angeregten) Utopie der Gütergemeinschaft mit einer flüchtigen Skizze begnügt[430], bilden Antiklerikalismus und eudämonistisch eingefärbte Irreligiosität[431] den wichtigsten Aspekt seines Werks. Meslier sucht (anhand historischer Beispiele) nachzuweisen, wie eng die institutionalisierte Religion mit der Politik und den materiellen Interessen der (jeweils) herrschenden Mächte verbunden ist. Dabei taucht immer wieder das Motiv des *Priestertrugs* auf, das so alt ist wie die prinzipielle Bestreitung der *Möglichkeit einer übernatürlichen Offenbarung* Gottes. Sie setzt die positiven Religionen dem Verdacht aus, das Werk ebenso schlauer wie eigennütziger Betrüger zu sein. Schon im 10. Jh. geraten in der sarazenischen Welt Moses, Jesus und Mohammed unter diesem Gesichtspunkt ins Zwielicht. Man spricht von ihnen als »den Dreien, die die Welt betrogen«. Es entsteht als Gleichnis für die von ihnen gestifteten Religionen jene als Ringparabel bekannte Erzählung, die über Boccaccio Jahrhunderte später in Lessings *Nathan* eingegangen ist. Auf unbekannten Wegen ist die Betrugshypothese, ein Produkt der frühen arabischen Aufklärung, ins moderne Europa gelangt. Vom 16. bis zur Mitte

429 Ibid., cf. S. 16.
430 Cf. Testament 2, S. 170; 210.
431 Cf. Girsberger, S. 124 f.

des 18. Jhs. wird immer wieder nach einem Buch des Titels *De Tribus Impostoribus* gefahndet, dessen Autor unbekannt ist. Hin und wieder beanspruchen clandestine Texte, das gesuchte Buch zu sein. Schließlich taucht 1753 in Hamburg eine Schrift auf unter dem Titel *De Tribus Impostoribus Anno MDIIC.* Sie behandelt fast ausschließlich Moses, ist also ein Fragment. Dennoch besteht hinsichtlich der Echtheit der in Deutschland entstandenen Schrift kein Zweifel. Allerdings stammt sie nicht aus dem Jahre 1598, sondern muss in der zweiten Hälfte des 17. Jh. entstanden sein[432]. Ob Johannes

432 *Von den drei Betrügern*, cf. S. 5; 6 ff.; 9 ff.; 26. – Anmerkung der Herausgeber: Die 1992 erschienene kritische Edition des anonym erschienenen *Traktat(s) über die drei Betrüger – Traité des trois imposteurs (L'esprit de Mr. Benoit de Spinosa) durch* Winfried Schröder hat Alfred Schmidt nicht rezipiert. Schröder arbeitet heraus, dass zuletzt mindestens zwei Bücher mit dem Titel *tribus impostoribus* kursierten, von denen der von Schmidt nicht rezipierte französische Text *Traité des trois imposteurs* der wesentlich interessantere ist. Schröder betrachtet den im letzten Viertel des 18. Jahrhunderts entstandenen *Traité* als »Programmschrift« der Aufklärung. »Kein anderer Text aber könnte diesen Titel mit größerem Recht beanspruchen als der *Traité des trois imposteurs.*« In ihm, fährt Schröder fort, »wird die Vorurteilskritik verschärft und auf Bereiche ausgedehnt, die bis dahin von ihr weitgehend verschont geblieben waren und die die gemäßigte Aufklärung auch weiterhin unangetastet lassen sollte. Nicht allein auf die üblichen Gegenstände der Vorurteilskritik wie Aberglaube, Intoleranz, Wunder- und Dämonenglaube, sondern auch auf die zentralen Glaubensinhalte und Geschichten der christlich-jüdischen Religion und sogar auf die beiden Stifterfiguren Moses und Christus, von denen zumindest der letztere bis dahin eine nahezu allgemein respektierte Immunität genossen hatte, richtet sich der Angriff. Überboten wird auch die Offenbarungskritik des Deismus: Nicht allein bestimmte Inhalte der Offenbarungsreligionen werden verworfen, sondern der vermeintliche Vorgang einer Offenbarung Gottes als solcher wird mit dem Verdacht des Betruges belegt. Der Radikalismus des *Traité* zeigt sich vollends darin, daß nicht nur die Offenbarung, sondern auch

Joachim Müller (1661–1733), ein völlig unbekannter Hamburger Jurist, die nach Diktion und Gedankengang *deistische* Schrift verfasst hat, lässt sich mit letzter Sicherheit nicht feststellen[433]. Der Autor ist weder Atheist noch behauptet er direkt, die drei Religionsstifter seien Betrüger gewesen. Es geht ihm darum, die Entbehrlichkeit der übernatürlichen, mit Dunkelheiten behafteten Offenbarung darzutun. Dass »dieses Weltall von der Richtung abhängt, die es durch die erste bewegende Ursache erhielt«[434], leuchtet ihm ein. Weshalb sollten wir uns »die erste Ordnung GOTTES« nicht so vorstellen, »daß alles in einem ... vorbestimmten Lauf bis zu der vorher festgesetzten Grenze verläuft, wenn er eine solche vor-

---

jene Lehren von Gott, die man ohne Rückgriff auf übernatürliche Quellen, allein mit philosophischen Mitteln gewonnen zu haben beanspruchte und deshalb ›natürliche Theologie‹ bzw. ›natürliche Religion‹ nannte, als ein Bündel von Vorurteilen entlarvt wird, die der rationalen Prüfung nicht standhalten. Während viele Religionskritiker dieser Zeit eine solche Vernunftreligion bzw. ›natürliche Religion‹ als unentbehrliches Korrektiv der Offenbarungsreligionen betrachteten, destruiert der *Traité* ihre wichtigsten Elemente: die Lehre von einem persönlichen, d. h. freien und intelligenten Welturheber, von der Freiheit und Verantwortlichkeit des Menschen sowie von Strafen und Belohnungen für sein Handeln im Jenseits, von der Vorsehung und der zweckmäßigen, auf den Menschen bezogenen Einrichtung der Schöpfung, von der Unsterblichkeit der Seele. Mit diesem radikalen, in der Zurückweisung der Annahme der Existenz Gottes gipfelnden Programm ist der *Traité des trois imposteurs* zugleich ein frühes Schlüsseldokument der Geschichte des Atheismus, der in der europäischen Philosophie bis weit in die Neuzeit hinein eine Ausnahmeerscheinung war.« (Winfried Schröder, Einleitung zu Anonymus, *Traktat über die drei Betrüger/Traité des trois imposteurs (L'esprit de Mr. Benoit de Spinosa)* Französisch-deutsch, kritisch herausgegeben, übersetzt, kommentiert und mit einer Einleitung versehen von Winfried Schröder, Felix Meiner Verlag, Hamburg 1992, S. VIII f.).

433 Girsberger, S. 124 f. Cf. S. 22; 25.

434 Ibid., S. 78.

her festzulegen beabsichtigt hat?«[435] Die Verehrung des vernünftigen Welturhebers bleibt jedoch Sache der »*inneren Eingebung*«[436] des Einzelnen; es bedarf dazu keiner besonderen, durch Priester vermittelten Offenbarung. Wer beabsichtigt, diese »Naturreligion«[437] durch *geoffenbarte* Zusätze zu erweitern, macht sich des Betrugs verdächtig. Er hat nachzuweisen, dass er von einer »höheren unsichtbaren Macht« ausersehen wurde, neue »religiöse Satzungen«[438] aufzustellen; andernfalls gilt er als Betrüger. Ein solcher Nachweis ist von Moses, Jesus und Mohammed in rational nachvollziehbarer Weise nicht erbracht worden, weshalb auch sie sich dem Verdacht des Betruges aussetzen[439]. Bleibt es beim Autor der Schrift *De Tribus Impostoribus* letztlich unausgemacht, inwieweit dieser Verdacht sich erhärten lässt, so tritt die Betrugshypothese bei Meslier, später besonders bei Holbach, in den Dienst eines erklärten Atheismus[440]. – Während Mesliers Philosophie sich auch dort im Rahmen cartesianisch vorgegebener Begriffe bewegt, wo sie ihren traditionellen Gehalt kritisiert, gehört André-François Boureau-Deslandes (1690–1757) bereits jener Generation französischer Autoren an, deren Werk einem »Englanderlebnis« bleibende Impulse verdankt[441]. Er rezipiert, eher kritisch, die deistischen »*freethinkers*«. Wichtiger werden für ihn Lockes Empirismus und Newtons Experimentalphysik, der er – neben so bedeutenden Mitstreitern wie Maupertuis und Voltaire – in

435 Ibid.
436 Ibid., S. 84; cf. S. 81.
437 Ibid., S. 84.
438 Ibid.
439 Ibid., cf. S. 27; 91 ff.
440 Cf. Olivier Bloch, *Le matérialisme, S.* 69.
441 Cf. Geißler S. 12 ff.

Frankreich den Weg ebnet. Hier muss die Frühaufklärung sich während der dreißiger Jahre des 18. Jh. noch gegen cartesianische Positionen durchsetzen, die jetzt vor allem *kirchlicherseits* verteidigt werden[442]. Daher die Absage, die Boureau-Deslandes rationalistischem Systemdenken erteilt: »Ein System annehmen ist heute fast gleichbedeutend damit, sich zu verurteilen die Dinge nur von einer bestimmten Seite zu betrachten und darauf zu verzichten, sie von jeder anderen zu sehen.«[443] Entschieden wendet Boureau-Deslandes sich gegen »die Einführung von Prinzipien, die in der Natur nicht wirklich existieren und ... begründet sind«[444]. Zu sachgemäßen Urteilen können allein unvoreingenommene *Experimente* führen, die keineswegs nur auf sinnlichen Eindrücken beruhen[445]. Die Vernunft, betont Boureau-Deslandes, muss bei der *methodischen* Befragung der Natur »den Sinnen zu Hilfe kommen, sie muß sie korrigieren, sie ausrichten. Aufgabe der Sinne ist es, die Beobachtungen zu vermehren, und zwar unaufhörlich. Aufgabe der Vernunft ist es, diese Beobachtungen zu sammeln, sie miteinander zu vergleichen, daraus richtige Schlüsse zu ziehen und auf diesen Schlußfolgerungen ein festes Lehrgebäude zu errichten.«[446] Die angeführten Stellen aus der Abhandlung *Discours sur la meilleure manière de faire des expériences* (1736) enthalten Boureau-Deslandes' wissenschaftstheoretisches Credo. Sie reflektieren den allmählichen Sieg von Locke und Newton über die cartesianische Tradition, der den Grundcharakter

---

442 Ibid., cf. S. 28 f.
443 Ibid., S. 156; cf. S. 34.
444 Ibid., S. 156.
445 Ibid., cf. S. 35.
446 Ibid., S. 159.

der französischen Aufklärung bestimmt. – Mit Boureau-Deslandes' dreibändiger *Histoire critique de la philosophie* (1737) beginnt ein neuer Abschnitt seines Wirkens. Das von den Enzyklopädisten geschätzte Werk ist die erste in Frankreich erscheinende Philosophiegeschichte. Boureau-Deslandes zielt darauf ab, als Historiker gesellschaftlichen Nutzen zu stiften und einzugreifen in den Aufklärungsprozess. Er sieht die Schwierigkeiten seines Unternehmens. Wer sich anschickt, *Fortschritte* des menschlichen Geistes darzustellen, hat einer »ungeheuren Anhäufung von Wahrheiten und Irrtümern, die uns überkommen sind und die sogar die aufgeklärtesten Geister in eine Art Pyrrhonismus stürzen, nachzugehen und sie zu entwirren oder wenigsten aus der ungeordneten Menge eine Auswahl zu treffen«[447]. Boureau-Deslandes' philosophiegeschichtliche Konzeption setzt jenen *neuen Begriff* von Philosophie voraus, der sich gleichzeitig in Fontenelles und Voltaires Schriften ankündigt[448]. Gekennzeichnet ist er durch Abkehr von Religion und Metaphysik, die Rehabilitation der Leidenschaften[449] sowie durch naturwissenschaftliche, auch gesellschaftlich-praktische Bezüge. Die »Aufgabe« der Philosophie, erklärt Boureau-Deslandes, »(besteht) nicht darin ..., der Phantasie durch anmutige Einfälle zu schmeicheln, sondern darin, dem Geiste Nahrung zuzuführen und ihn durch solide Kenntnisse zu stärken«[450]. Gibt sich Boureau-Deslandes' Philosophiegeschichte, die »alle Welt anregen« will, »nach Wahrheit zu

447 Ibid., S. 163.
448 Ibid., cf. S. 44 ff.
449 Ibid., cf. S. 67 f.
450 Ibid., S. 165.

streben«[451], loyal, so vertritt seine Erstschrift *Réflexions sur les grands hommes qui sont morts en plaisantant* (1712) einen offen atheistischen Standpunkt. Sie behandelt ein schon der Antike geläufiges Problem, das sich seit Anfang des 18. Jh. infolge der *sensualistisch* bedingten Säkularisierung des Denkens in neuer Schärfe stellt: das Verhalten des *esprit fort* in der Todesstunde. Die Tatsache, dass häufig auch Freigeister auf dem Sterbebett nach kirchlichem Beistand verlangen, wird von Boureau-Deslandes als zu bekämpfende Schwäche empfunden. Seine *Réflexions*, eine (gewollt) witzige Sammlung von Anekdoten, wenden sich gegen jesuitische Versuche, den Glauben auf Furcht (Höllenqualen, Jüngstes Gericht) zu gründen[452]. Er will die Todesangst mit rationalen Argumenten überwinden und anhand von Beispielen belegen, dass sich zu allen Zeiten vernünftige Menschen dem Tode scherzend anvertraut haben. Boureau-Deslandes betrachtet »die letzten Augenblicke des Lebens als Prüfstein, der den wahren Philosophen von demjenigen unterscheidet, der sich diesen Namen angemaßt hat«[453]. Seine Galerie dem Tode standhaltender Männer reicht vom antiken Pessimisten Hegesias (3. Jh. v. Chr.) über Epikur zu Montaigne, Gassendi und Hobbes. Die Möglichkeit eines Fortlebens nach dem Tode bleibt in den *Réflexions* außer Betracht. Die (in mehreren Auflagen und Übersetzungen erschienene) Schrift greift ein für die *libertinistische Tradition* bedeutsames Thema auf, dem – weil theologisch belastet – selbst in der materialistischen Literatur nur selten die ihm gebührende Aufmerksamkeit zuteil geworden ist. – Umrisse einer *materialistischen*

451 Ibid., S. 62.
452 Cf. Groethuysen 1, S. 93 ff.
453 Geißler, S. 172.

Anthropologie enthält Boureau-Deslandes' philosophischer Roman *Pygmalion ou La Statue animée* (1741; dt. 1967). Kern der Pygmalion-Sage ist die Verwandlung einer marmornen Statue in einen lebendigen Menschen. Sie dient Bourleau-Deslandes dazu, seine materialistische Theorie der Entstehung des organischen Lebens und seine sensualistische Erkenntnistheorie zu veranschaulichen. Während er beide Aspekte vereinigt, wobei der Hauptakzent auf der Erklärung der Lebensfunktionen liegt, wird Condillacs *Traité des sensations* an der zum Leben erweckten Statue nur noch die Abfolge der Stadien des Erkenntnisprozesses sensualistisch erläutern, ohne sich um das Wie dieser Belebung zu kümmern. Im Vergleich zu Condillac ist Boureau-Deslandes der entschiedenere Materialist, obwohl beide sich auf Locke berufen[454]. Ob der Materie außer Undurchdringlichkeit, Schwere und dem Streben nach einem Mittelpunkt[455] auch Eigenschaften einer »höheren Ordnung« zukommen, ist für Boureau-Deslandes schwer auszumachen, weil »der Verstand uns nicht bis zum Wesen der Materie führen kann«[456]. Immerhin erlaubt es unser Wissen, mit Locke zu vermuten, dass sie denkfähig ist: »Tatsächlich gibt es keine Beweisführung, die das Denken als Eigenschaft der Materie ausschließt.«[457] Als eine ihrer möglichen Modifikationen gründet es wie diese in der *Bewegung*. Deren Art und die aus ihr sich ergebende Gruppierung der Teilchen bewirken, dass ein Körper diese oder jene Eigenschaften aufweist, dass er belebt oder unbe-

454 Ibid., cf. S. 79.
455 Ibid., cf. S. 131.
456 Ibid., S. 178.
457 Ibid., S. 178 f.

lebt ist[458]. Hierauf folgt bei Boureau-Deslandes eine Skizze der Funktionsweise des *menschlichen Mechanismus*: »Die Maschine entwickelt sich erst nach und nach; ihre Federn bewegen sich gegeneinander; die flüssigen und festen Teile kämpfen miteinander und widerstehen sich gegenseitig. Es ist eine fortwährende Wirkung und Gegenwirkung. Endlich erlangt die Maschine ihre volle Funktionsfähigkeit. Man sieht Denken und Urteilskraft ununterbrochen Fortschritte machen. Man sieht ... ihre Verbindung und ihren inneren Zusammenhang zunehmen. Dann läßt die Maschine wieder nach, nutzt sich ab, läuft unregelmäßig und wird zerstört.«[459] Empfinden und Denken des Menschen, die Boureau-Deslandes (unbeschadet ihrer materiellen Bedingtheit) unter dem traditionellen Begriff »Seele« zusammenfasst, bleibt das Schicksal des Körpers nicht erspart: »Die Seele erfährt die gleiche Rückbildung: sie war anfangs nichts, sie wird etwas, sie festigt sich; dann geht sie allmählich in ... Auflösung über und sinkt am Ende ins Nichts zurück. ... Man sollte sich keiner Täuschung darüber hingeben.«[460] Die *Einheit der Person* ist die ihres Körpers und teilt dessen Hinfälligkeit. Boureau-Deslandes' *Pygmalion* erinnert (wie La Mettries *homme-machine*) an Descartes' *Traité de l'homme*. Hinzu kommt freilich auch hier der Einfluss Spinozas: »Es gibt zahllose Wesen, die ... nur ein einziges aus(machen): das *Ganze*, das man Gott, Natur oder Welt nennt. ... Es hat den Anschein, daß das *Ganze* ... alle möglichen Modifikationen in sich schließt. Folglich muß es ebensowohl denken wie ausgedehnt sein, ebensowohl vernünftig urteilen wie sich bewegen, ebenso-

458 Ibid., cf. S. 83.
459 Ibid., S. 139.
460 Ibid.

wohl Empfindungen wie Gestalt haben.«[461] – Wichtige Motive der Enzyklopädisten sind in Boureau-Deslandes angelegt. Mit ihm beginnt, wie Geißler hervorhebt, eine »neue Etappe materialistischen Denkens«[462]. – Julien Offray de la Mettrie (1709–1751) eröffnet die Reihe jener französischen Philosophen des 18. Jh., die als typische Wortführer des Materialismus der Aufklärungszeit gelten. Zum notorisch schlechten Ruf La Mettries, der auf seine moralkritische Radikalität zurückzuführen ist, haben namentlich spätere Gesinnungsgenossen (wie Diderot) beigetragen, die gerade ihm manche Einsicht verdankten[463]. Ursprünglich zum Geistlichen bestimmt, wird La Mettrie eifriger Jansenist. Er wendet sich bald der Medizin zu und eignet sich, bereits praktizierender Arzt, in den Niederlanden die fortgeschrittensten medizinischen und naturwissenschaftlichen Kenntnisse an. Sein Lehrer ist Hermann Boerhaave (1668–1738), der – »spinozistischer« Neigungen verdächtigt – sich ebenfalls nach theologischen Anfängen der Heilkunst zugewandt hatte. La Mettrie übersetzt und kommentiert Schriften des bedeutenden Gelehrten. Es kommt zum Streit mit der Pariser medizinischen Fakultät, deren Rückständigkeit La Mettrie anprangert in den treffsicheren, ihm entsprechend verübelten Satiren *Politique du médicin de Machiavel* (1746) und *Ouvrage de Pénélope ou Machiavel en médicine* (1748/50). – Ein akuter Fieberanfall, den La Mettrie, inzwischen Militärarzt, im Feldlager erleidet und ihn in eine depressive Stimmung versetzt, lässt ihn vermuten, dass die »Seele« des Menschen Resultat seiner körperlichen Organisation sei. Er

461 Ibid., S. 140.
462 Ibid., S. 91.
463 cf. Lange, S. 344; Ewald, S. 113.

entwickelt seine diesbezüglichen Überlegungen in der (als sein Hauptwerk geltenden) Schrift *Histoire naturelle de l'âme* (1745), die behördliches Missfallen erregt. La Mettrie verliert sein Amt und flieht nach Leyden. Als dort 1748 seine berühmt-berüchtigte Schrift *L'Homme-machine* erscheint, muß er auch Holland verlassen. Friedrich II. gewährt ihm Asyl in Berlin, wo er 1751 stirbt. Selbst die letztlich ungeklärte Ursache seines jähen Todes wird von La Mettries Verfolgern dazu benutzt, seinen Namen zu schmähen. – Über die Motive seiner Schriftstellerei legt La Mettrie sich Rechenschaft ab im *Discours préliminaire* seiner *Oeuvres philosophiques*[464]. Die Philosophie, heißt es hier, steht zwar im Widerspruch zu Moral und Religion, aber sie zerstört diese Bande der Gesellschaft nicht, sondern vermag sie sogar zu festigen. Unter »Philosophie« nun versteht La Mettrie keineswegs die *physikotheologischen* Richtungen seiner Zeit, die behaupten, das »Studium der Natur« sei »der kürzeste Weg zur Erkenntnis ihres verehrungswürdigen Schöpfers und zur Einsicht in die moralischen und geoffenbarten Wahrheiten«[465]. Wer jedoch ein solches Studium – sei es auch nur als Mediziner – ernsthaft betreibt, gelangt nach La Mettries Überzeugung zu anderen Ergebnissen. Er begreift, »daß allein ein *Credo* zum Glauben an ein höchstes Wesen führen kann, und daß dem Menschen, der organisiert ist wie alle anderen Tiere, und den gleichen Gesetzen unterworfen wie sie, wegen seines höheren Intelligenzgrades nicht ein besonderes Schicksal vorbehalten ist«[466]. Da die dem Menschen sinnlich zugängliche Welt nur »ewige Materie in ständig neu

---

464 La Mettrie, Phil. u. Politik.
465 Ibid., S. 4.
466 Ibid., S. 5 f.

entstehenden und vergehenden Formen« zeigt, muss er »ernüchtert zugeben, daß alle Lebewesen die vollständige Vernichtung erwartet«[467]. – Philosophie und Medizin sind gleichermaßen abhängig von der *Natur*: »Alles, was nicht einwandfrei aus der Natur kommt, was nicht Tatsache, Ursache, Wirkung, kurz, was nicht empirische Wissenschaft ist, interessiert die Philosophie nicht und entspringt einer Quelle, die ihr fremd ist.«[468] La Mettrie denkt hier an die Moral (im Sinn asketischer Ideale) und die Religion, die er für Kunstprodukte umsichtiger *Politik* hält. Da die Menschen ursprünglich nur eigene Interessen verfolgen, wurde bei ihrem Übergang zum gesellschaftlichen Zustand neben einem »System politischer Umgangsformen« eine »absolute Autorität« erforderlich: die Religion, deren »Wundergeschichten« erstaunlicherweise die Menschen »umso besser im Zaum halten, je weniger sie sie verstehen«[469]. Hinzu traten weltliche Strafen: »Ohne all die Galgen, Räder und Schaffotte ... wäre trotz jener wundersamen Mechanismen der Schwache niemals vor dem Starken sicher gewesen.«[470] Da Moral, Religion und Gesetz der Politik und nicht der Natur entspringen, bleiben sie der Philosophie, damit der Vernunft äußerlich. Beide Sphären können einander nicht beeinträchtigen. Man kann durchaus »das als wahr Erscheinende« anerkennen und gleichzeitig »in aller Aufrichtigkeit das als klug und nützlich Erscheinende«[471] einsehen und beherzigen. La Mettries Überlegungen zielen darauf ab, die Geistesfreiheit des Philo-

467 Ibid., S. 6.
468 Ibid., S. 7.
469 Ibid., S. 7; 8.
470 Ibid., S. 8.
471 Ibid., S. 21.

sophen zu sichern. Lebt er als unbescholtener Bürger, so darf er den Materialismus lehren: »Was spräche auch dagegen? Wenn dieser Materialismus wohl begründet ist; wenn er das eindeutige Ergebnis von Beobachtungen und Experimenten der größten Philosophen und Ärzte ist; wenn man dieses System erst errichtet, nachdem man ... das gesamte Tierreich einschließlich des Menschen in all seinen unterschiedlichen Lebensformen mit größter Sorgfalt untersucht hat; wenn man ... seine Ergebnisse nicht nach einer vorgefaßten Doktrin ... zurechtbiegt, sondern sie als Folge von Untersuchungen ... vorfindet: Ist es dann ein Verbrechen, wenn man sie veröffentlicht?«[472] Gemeingut freilich kann der Materialismus niemals werden. Das verblendete Volk, erklärt La Mettrie, wird »niemals glauben, daß der Mensch schlicht eine Maschine ist, obwohl dies die Materialisten glänzend bewiesen haben. Derselbe Trieb, der es am Leben hängen läßt, nährt auch ... die Eitelkeit, die es an die Unsterblichkeit der Seele glauben läßt.«[473] La Mettrie hält alle Unsterblichkeits- und Gottesbeweise für Schein, Blendwerk und scholastischen Unsinn[474]. Aber er verbindet (im Unterschied zu den militanten Materialisten der zweiten Jahrhunderthälfte) mit seiner Religionskritik keine unmittelbar politischen Absichten. Die Aufklärung der breiten Masse erscheint ihm weder möglich noch wünschenswert[475]. Vom hitzigen Für und Wider angesichts einer Alternative wie Freiheit oder Determinismus zeigt La Mettrie sich unbeeindruckt. Während der beschränkte Geist glaubt, »daß alles –

472 Ibid., S. 23.
473 Ibid., S. 27.
474 Ibid., cf. S. 69.
475 Ibid., cf. S. 54 f.

Moral, Religion, Gesellschaft – verloren ist, sobald man bewiesen hat, daß der Mensch nicht frei ist«, betrachtet der Unparteiische und Vorurteilsfreie »die Auflösung dieses Problems, wie immer sie auch ausfalle, mit ziemlicher Gelassenheit«, weil sie »in der Praxis ... nicht die ... gefährlichen Folgen mit sich bringt, mit denen sie in der Theorie zu drohen scheint«[476]. Hier wie anderswo im *Discours préliminaire* ist La Mettrie geradezu ängstlich darauf bedacht, den Leser von der politischen Harmlosigkeit der (für ihn mit Materialismus identischen) Philosophie zu überzeugen[477]. Alle philosophischen Wahrheiten haben lediglich *hypothetischen* Wert. Annehmbar bis beweiskräftig ist für den Schüler Montaignes auch der Materialismus (als Maxime, sich streng an der Natur zu orientieren) nur in dem Maße, wie seine Ergebnisse *wahrscheinlich* sind. La Mettrie zögert daher nicht, selbst seine eigene Lehre, »daß der Mensch eine Maschine ist, die einem absoluten Determinismus unterliegt«[478], zur Disposition zu stellen. Wem könnten die »Irrfahrten eines skeptischen Geistes« zwischen »Wahrscheinlichkeit und Gewißheit«[479] schaden? »Er springt wie ein Vogel von Ast zu Ast, von der einen Hypothese zur anderen. Ist er heute noch begeistert von der einen, so betört ihn schon morgen eine andere, die höhere Wahrscheinlichkeit für sich hat.«[480] Formulierungen, die Diderot vorwegnehmen und das geistige Klima auch des Materialismus nach der Jahrhundertmitte kennzeichnen. – In der *Histoire naturelle de l'âme* bedient

476 Ibid., S. 29 f.
477 Cf. Thomson, S. 108 ff.
478 Phil. u. Politik, S. 30.
479 Ibid., S. 53.
480 Ibid.

sich La Mettrie, vorsichtig taktierend, zunächst noch jener scholastischen Ausdrucksweise, die eigentlich seit Descartes und Locke überholt war. Er unterscheidet die Materie von der Form, den Körper von seinem Lebensprinzip, der Seele. Deren *Wesen* wird uns stets so unbekannt bleiben wie das der Materie[481]. Da faktisch die Seele mit dem Körper aufs engste verbunden ist, lassen ihre *Eigenschaften* sich nur so erkennen, dass man zuvor die des Körpers untersucht, und zwar mit Hilfe der *Sinne.* Sie allein führen zur Wahrheit. Die Materie, sagt La Mettrie in scheinbarer Übereinstimmung mit dem Aristotelismus, ist an sich passiv, d. h. ohne eigene Bewegungskraft. Entdecken wir also im Körper ein aktives Prinzip, das Herzen schlagen lässt, Nerven mit Empfindungen und Gehirne mit Denkfähigkeit versieht, so werden wir es »Seele« nennen[482]. Freilich verbirgt die traditionelle Redeweise einen umso schärferen Gegensatz. Während für Aristoteles und die christliche Scholastik die Seele als *forma corporis* zwar jeden Teil der körperlichen Materie durchdringt, dieser aber – als ein Geistiges – übergeordnet bleibt, setzt La Mettrie die Form zum Akzidenz der (damit allein *substantiellen*) Materie herab[483]. Passiv ist letztere nur, sofern man sie unter Abstraktion von ihren Seins- und Bewegungsformen betrachtet. Dass unsere Erkenntnis das Wesen der Dinge nicht an sich, sondern bloß vermittels seiner sinnlichen Äußerungen erfasst, schmälert weder unser Glück noch unsere Tugend. Jedenfalls können wir uns derart der Existenz einer materiellen Substanz versichern, während

481 Cf. Oeuvres 1, S. 125.
482 Cf. ibid., S. 132.
483 Cf. ibid., S. 170 f.

nichts für die Annahme einer Seelensubstanz spricht[484]. Als Sensualist reduziert La Mettrie alle seelisch-geistigen Zustände und Prozesse auf die von ihm als Eigenschaft der Materie angesehene *Empfindung*. Der Einwand, diese lasse sich nicht aus der Materie ableiten, ist berechtigt. Aber auch Ausdehnung und Bewegung, die anderen Eigenschaften der Materie, sind aus ihr nicht erklärbar, da die ihnen zugrunde liegende *Substanz*, aus der sie erklärt werden sollen, uns unbekannt ist. Ebensowenig sind diese Eigenschaften *auseinander* ableitbar. La Mettrie deutet die Empfindung, im Unterschied zu primitiveren Materialisten, nicht als bloße Bewegung von Korpuskeln. Andererseits setzt er Empfindung und Denken der Bewegung nicht einfach entgegen. Er verbleibt auf Locke'schem Boden, indem er die Empfindung als Eigenschaft derselben unbekannten Substanz ansieht, deren andere – sinnlich wahrnehmbare – Eigenschaften Ausdehnung und Bewegung sind[485]. – Auch La Mettries wohl bekannteste Schrift *L'Homme machine* (La Mettrie, Mensch) enthält diesen *agnostischen* Vorbehalt. Wissenschaftliche Beobachtungen, heißt es hier, erlauben uns, »die Materie und die bewundernswürdige Eigenschaft des Denkens miteinander zu verbinden«. Aber wir können die »Verbindungsmittel selbst« nicht wahrnehmen, »da wir ... den Träger dieses Attributs seinem Wesen nach nicht kennen«[486]. Gleichwohl sieht La Mettrie sich zu dem »kühnen Schluß« berechtigt, »daß das Universum aus nur einer Substanz – in verschiedenen Modifikationen – besteht«[487]. Durchgeführt freilich wird

484 Cf. Ewald, S. 115 f.
485 Cf. ibid., S. 116.
486 Ibid., S. 92; 92 f.
487 Ibid., S. 94.

dieser Materialismus nur auf anthropologischem Gebiet. Dem geschulten Blick des Arztes, argumentiert La Mettrie, können Dualismen theologischer Herkunft nicht standhalten. Was die cartesianische Physik hinsichtlich der Tiere erklärt, gilt ebenso vom Menschen, der sich von ihnen nur *graduell* unterscheidet[488]. Daran können auch seine Sprechfähigkeit und feinere Organisation nichts ändern. La Mettrie ist im genauen Sinn *physikalischer* Materialist. Von zwei Ärzten, sagt er, ist derjenige der bessere, der mit der »Mechanik des menschlichen Körpers« vertrauter ist und deshalb »den Geist mitsamt den Beunruhigungen, die dieses Hirngespinst bei Dummköpfen ... verursacht, ganz beiseite läßt und sich ernsthaft nur mit der reinen Naturwissenschaft befaßt«[489]. Was Geist, Seele oder Denken genannt wird, ist wie Elektrizität und Undurchdringlichkeit eine Eigenschaft organisierter Materie[490], näher des Großhirns, das – entsprechend strukturiert und geschult – ein starkes Vorstellungsvermögen (*imagination*) entwickelt, worauf alle Erkenntnis beruht[491]. Als komplexer Teil des Organismus ist das Gehirn mit feinen Denkmuskeln ausgestattet wie die Beine mit gröberen Gehmuskeln. Die Metaphysiker spiritualisieren die Materie[492]. Sie übersehen, dass die Würde der Vernunft nicht von »einem großen, aber sinnleeren Wort« – der »Immaterialität« – abhängt, »sondern von ihren tatsächlichen Fähigkeiten, von ihrem Anwendungsbereich und ihrem klaren Blick«[493]. Die

---

488 Cf. ibid., S. 38 f.; 85 f.

489 Ibid., S. 84 f.; 85.

490 Cf. ibid., S. 77; 87.

491 Cf. ibid., S. 43 ff.

492 Cf. ibid., S. 17.

493 Ibid., S. 19.

einzig berechtigte Philosophie beruht auf der Medizin sowie auf der Einsicht in die Wirkung der Umwelt, des Klimas und der Ernährung auf die Beschaffenheit des Menschen. Sie schämt sich nicht seiner niederen Herkunft. – La Mettrie zögert, eine »höchste Intelligenz« anzuerkennen, die »noch unbegreiflicher wäre als die Natur selbst«[494]. Wohl betont er gelegentlich die wissenschaftliche Unentscheidbarkeit der Frage nach der Existenz Gottes, aber er lässt durchblicken, dass vieles für den *Atheismus* spricht, der jedoch, wie er hinzufügt, stets nur eine spekulative Wahrheit sein wird. Glaube oder Unglaube an Gott vermag staatsbürgerliche Tugenden weder zu fördern noch zu schmälern[495]. Während selbst extreme Schlussfolgerungen der Philosophie das Alltagsleben unberührt lassen[496], gehen mit Theologie nicht selten Hader und Zwietracht einher. Fanatismus und Aberglaube, sagt La Mettrie (im Anschluss an Bayle), sind weit gefährlicher als Deismus oder Atheismus, die, wenn sie »aufgeklärter Reflexion«[497] entspringen, einer friedliebenden Gesellschaft zum Vorteil gereichen. Die »Prinzipien der Irreligion«[498] schließen ehrbares Verhalten ihrer Verfechter keineswegs aus. Ein Gemeinwesen aus lauter Atheisten ist nicht nur möglich, es wäre glücklicher als alle anderen[499]. – Nichts war dem Ansehen La Mettries abträglicher als die forcierte Rhetorik seiner *moralkritischen* Schriften *La volupté*[500] und *Discours sur le*

494 Phil. u. Pol., S. 32.
495 Cf. ibid., S. 42; 68.
496 Cf. ibid., S. 38 f.
497 Ibid., S. 42.
498 Ibid., S. 43.
499 Cf. ibid., S. 44 f.; Mensch, S. 66.
500 1747, umgearbeitet zu *L'art de jouir*, 1751; La Mettrie, *Kunst.*

bonheur[501]. Sie schienen den Verdacht zu erhärten, Materialismus sei keine Philosophie, sondern ein Deckmantel liederlicher Lebensführung. Die gereizten Reaktionen noch der Nachwelt zeigen, dass diese Seite des La Mettrie'schen Denkens auch jene überforderte, die seine These akzeptierten, der Mensch sei lediglich »eine Maschine, die ihre Triebfedern selbst spannt«[502]. Dabei schockierten die erwähnten Schriften weniger durch ihre dem Jahrhundert geläufige Thematik[503] als durch die *Art* ihrer Behandlung. La Mettrie verwirft hier, inspiriert von Spinoza, nicht nur christliche Tugenden wie Demut, Mitleid und Reue als Ausdruck einer das Glücksstreben lähmenden *Schwäche*; er leitet sie auch (Nietzsche und Freud vorwegnehmend) *lebens- und sozialgeschichtlich* ab. So kennzeichnet er »Schuldgefühle« als »Vorurteile aus der Erziehung«, deren Festigkeit dazu verführe, sie für »natürlich« zu halten[504]. »Jeder ... ist von der Wahrheit der Prinzipien überzeugt, die man ihm in früher Kindheit eingeflößt, ja eingeimpft hat; und jeder ... meint so sehr, seine Identität nur bewahren zu können, indem er starr an diesen Prinzipien festhält«, dass man »niemanden davon überzeugen kann, daß er im Irrtum lebt«[505]. Die Einsicht in die *Entsprungenheit des Gewissens* hält La Mettrie für den wichtigsten Aspekt seiner Moralkritik. Diese rekurriert auf die »frühe Kindheit«, die, »soweit sie unseren Geist betrifft, gar nicht so weit entfernt«[506] ist. Irgendein Gefühl wurde »unbewußt und unge-

501 1748, erw. Fassung *Anti-Sénèque* ou le souverain bien, 1750; La Mettrie, *Glück*.
502 Mensch, S. 26.
503 Cf. Mauzi, S. 109 ff.
504 Phil. u. Pol., S. 30; cf. ibid., S. 27; 56.
505 Ibid., S. 33.
506 *Glück*, S. 53.

prüft übernommen« und prägte sich dem Gehirn ein. Zeitweilig kann die Leidenschaft, »diese unumschränkte Gebieterin unseres Willens«, dieses Gefühl unterdrücken, »doch meldet es sich wieder ..., sobald die Seele wieder zu reflektieren beginnt. Dann kommen jene frühen Prägungen, die einst das Gewissen gebildet haben, wieder zur Geltung. Ihre vielförmigen aktuellen Wirkungen sind das, was man als Schuldgefühle bezeichnet.«[507] La Mettrie spricht hier auch von »antiquierte(n) Vorurteilen, die durch Lust und Leidenschaft nicht soweit zum Schweigen gebracht worden sind, daß sie sich nicht unvermittelt wieder melden können. Den ärgsten seiner Feinde trägt der Mensch ... in seinem Inneren.«[508] Dieser Feind siegt jedoch nicht immer. Jede andere, stärker eingeschliffene Gewohnheit kann ihn vernichten. Neue Gefühle erfüllen die Seele nur dann, »wenn ein neuer Mechanismus den alten voll ersetzt«[509]. – La Mettries *Genealogie* der moralischen Kategorien steht im Dienst vorbehaltloser Diesseitigkeit. Sie nimmt unter den hedonistischen Positionen des 18. Jh. eine (selten erkannte) Sonderstellung ein. Wohl sieht auch La Mettrie, darin Schüler Aristipps und Epikurs, das höchste Ziel menschlichen Handelns nicht durch eine unbedingt gebietende *Idee* bestimmt, sondern durch eine reale *Befindlichkeit* des Individuums[510]. Aber sein »ethischer Materialismus«[511] überbietet dessen antike (und moderne) Vertreter in eben dem Maße, wie er

507 Ibid., S. 54.
508 Ibid.
509 Ibid., S. 55; cf. 56 f.
510 Cf. Lange, S. 38.
511 Ibid.

darauf verzichtet, Natur *normativistisch* zu überhöhen[512]. La Mettrie bekämpft den im Zeichen eines optimistischen Gefühls- und Naturkults verbreiteten Glauben Shaftesburys und der schottischen Schule (Hutcheson, Ferguson), es bedürfe lediglich des angeborenen, sittlichen Gefühls (*moral sense*) der Menschen, um eine freie Gesellschaft ohne äußere Zwänge und Autoritäten herbeizuführen. Aller rousseauistischen Empfindsamkeit abhold, betont La Mettrie, Hobbes folgend[513], wie illusorisch es sei, sich auf eine »natürliche Moral« zu verlassen, die nicht durch staatliche Machtmittel abgestützt wird. »Der Mensch«, schreibt er, »scheint im allgemeinen ein verlogenes, arglistiges, gefährliches und heimtückisches Tier zu sein. In seinem streng determinierten Verhalten scheint er eher seinen spontanen Impulsen und Leidenschaften zu folgen als den Grundsätzen, die ihm als Kind beigebracht worden sind.«[514] Da jedes Individuum primär eigenes Wohlergehen anstrebt (*amour-propre*), lebt es gemäß der natürlichen Ordnung, und es wäre abwegig anzunehmen, es könne dabei nicht glücklich sein[515]. La Mettrie unterscheidet scharf zwischen der wissenschaftlich erforschbaren *Natur* und der stets an Metaphysik gebundenen, letztlich auf gesellschaftlicher Konvention und politischer Zweckmäßigkeit beruhenden *Moral*. Hierin besteht der implizite, von Kondylis erstmals ausgesprochene *Nihilismus* seiner Philosophie. La Mettrie beabsichtigt, die aufklärerische »Rehabilitation der

512 Cf. La Mettrie, *Glück* S. 61 ff.; Kondylis, *Aufklärung*, S. 342 ff.; 503 ff.

513 Cf. Glück, S. 58.

514 Ibid., S. 113.

515 Cf. ibid., S. 67.

Sinnlichkeit restlos *und* wertfrei durchzuführen«[516]. Deshalb seine Absage an die – ebenso aufklärerische – »Verflechtung von Natur und Norm«[517]. Indem La Mettrie einerseits alles Geistige (je nach der Ebene seines Auftretens) physiologisch oder politisch-interessenpsychologisch entzaubert und andererseits Natur und Norm einander schroff entgegensetzt, entzieht er moralischen Wertschätzungen jede *objektive* Grundlage. Sie können sich weder auf Geist noch auf Natur berufen. »Es gibt nichts«, sagt La Mettrie (mit Spinoza), »das absolut gerecht, und nichts, das absolut ungerecht wäre. Es gibt in Wirklichkeit gar keine ... Laster, keine Erhabenheit, keine Verbrechen in einem absoluten Sinn.«[518] Das schließt jedoch keineswegs die Notwendigkeit aus, im Interesse der Allgemeinheit festzustellen, »daß diese oder jene Tat gerecht oder ungerecht, anständig oder unanständig, lasterhaft oder tugendhaft, lobenswert, niederträchtig, kriminell usw. in einem relativen Sinn ist«[519]. Auch die kühnste Philosophie respektiert die guten Sitten. Welches Übel, fragt La Mettrie, sollte darin liegen, »das als wahr Erscheinende anzuerkennen, wenn man zugleich das als klug und nützlich Erscheinende einsieht und beherzigt?«[520] – Während selbst ein Diderot, überzeugt von der Unwandelbarkeit von Gut und Böse, der »Stimme des Herzens« Autonomie zubilligt, erblickt La Mettrie in den Regungen des Gewissens internalisierte politische Zwänge. Dieser *machiavellistischen* Seite seiner Morallehre entspricht die *libertinistische.* Auch sie gilt noch

516 Kondylis, *Aufklärung*, S. 490.
517 Ibid.; cf. Schabert, S. 17.
518 Phil. u. Pol., S. 36 f.
519 Ibid., S. 37.
520 Ibid., S. 21 f.; cf. S. 68.

immer als anstößig[521]. Mit den antiken Materialisten lehrt La Mettrie, letztlich ziele alles menschliche Streben ab auf *körperliche Lust.* Diese ist jedoch der *Veredlung* fähig und unterscheidet sich, als Freude des Herzens oder Geistes[522], ebenso vom bloßen Vergnügen (*plaisir*) wie von der Ausschweifung (*débauche*). Wenn daher La Mettrie, wie später Diderot, im sinnlichen Genuss auch den erotischen verherrlicht, so nicht aus purem Zynismus. In der Liebe, glaubt er, offenbare sich das Geheimnis der Sinnlichkeit, durch Steigerung ins Geistige hinüberzuwachsen[523]. Gleichwohl beruht, was gemeinhin Glück genannt wird, auf einem Wohlgefühl, dessen Äußerungen, bei sehr verschiedenem Wert, hinauslaufen auf *physische Empfindungen.* Fantasie und Reflexion können es erhöhen, nicht *begründen.* Sinnliches Glück ist intensiv, aber kurz; geistiges, das »innerer Zufriedenheit«[524] entspringt, ruhig und dauerhaft. Der Gebildete wird feinere Genüsse gröberen vorziehen, ohne zu übersehen, dass die Natur der großen Menge jene als »Glück« bezeichnete »Modifikation der Nerven«[525] keineswegs verweigert. Sie partizipiert am »organische(n) Glück« aller »belebten Körper«[526]. Daher die bloß schmückende Rolle, die La Mettrie der Tugend, dem Wissen, überhaupt der Bildung hinsichtlich des Glücks zuweist[527]. Selbst Irrtümer und Illusionen können zum Wohlergehen des Menschen beitragen[528]. Ob dieser ursprünglich

521 Cf. Mauzi, S. 249 ff.
522 Cf. *Glück*, S. 155.
523 Cf. Ewald, S. 122.
524 Glück, S. 118.
525 Ibid.
526 Ibid., S. 148; 129.
527 Cf. ibid., S. 128.
528 Cf. ibid., S. 143.

zur Weisheit bestimmt ist, bleibt unausgemacht. – Den Wert materialistischer Aufklärung erblickt La Mettrie (wie schon Epikur) darin, dass sie Ängste und Vorurteile beseitigt, die Glück und Genussfähigkeit beeinträchtigen. Schuldgefühle und Gewissensbisse sind ebenso nutzlos wie verderblich. Außerstande, Vergangenes zu korrigieren[529], vergiften sie jede Freude an der allein zählenden *Gegenwart*[530]. Vom Materialismus, so La Mettrie, »sollte zweierlei ausgehen: zum einen eine nachsichtige, großmütige, verzeihende und tolerante Einstellung bzw. Mäßigung bei der Verhängung von Strafen, die stets nur *ultima ratio* sein sollten; zum anderen die Belohnung der Tugend, wobei nicht großzügig genug verfahren werden kann, denn die Tugend ist ... nur eine Art dekorativen Beiwerks, das jeden Moment in sich zusammenbrechen kann, wenn es nicht von außen gestützt wird«[531]. La Mettrie spielt hier an auf die barbarische Justiz seiner Zeit, die sich drakonischer Strafen bediente. Er sieht im Verbrecher den Kranken, der nicht härter bestraft werden darf als die Sicherheit der Gesellschaft es erfordert. Lange vor Freud stößt La Mettrie auf den Unbehagen erzeugenden Konflikt von Körperlichkeit und Kultur des Menschen. Sein anarchisch-individualistisches Denken verteidigt das Leben gegen Verzweiflung und Tod[532].

---

529 Cf. ibid., S. 60 f.
530 Cf. ibid., S. 58.
531 Ibid., S. 71.
532 Cf. *Kunst*, S. 80 f.

Materialisten am Vorabend der Französischen Revolution

Seit der Jahrhundertmitte kommt in Paris eine kämpferische Literatur auf, die sich, wie Hettner hervorhebt, »mit leidenschaftlichem Eifer ... des höheren Berufs bewußt ist, unmittelbar volksbildend zu sein und Sitte und Gesellschaft nach den von ihr festgestellten Begriffen umzugestalten«[533]. Indem sie eingreift in die Debatten der Zeit, bewirkt diese Literatur eine »tiefe und allgemeine Umwälzung in den Meinungen und Gesinnungen der Menschen«[534]. Sie verbreitet die mit einem veränderten Begriff von Philosophie einhergehenden Ideen der Aufklärung. Die philosophische Betrachtungsweise (*esprit philosophique*) wird jetzt zur umfassend-kritischen Methode, in Wissenschaft, Kultur und Politik den *Anspruch emanzipatorischer Vernunft* durchzusetzen. Philosophie verliert so ihren privilegierten Status und wird zur Waffe. Die *philosophes* bilden im damaligen Frankreich eine streitbare Gruppe von Intellektuellen verschiedenster Berufe, die durch gemeinsame sozialkritische und politische Überzeugungen verbunden sind[535]. Als Naturforscher, Historiker, Ökonomen, Staatsrechtler oder Schriftsteller bereiten sie, bei häufigem Dissens über die anzustrebenden Ziele, *objektiv* den Übergang von der ständisch-feudalen zur bürgerlichen Gesellschaft vor[536]. Sie übertreffen die gleichzeitigen englischen Autoren, zu schweigen von deutschen »Popularphilosophen«, durch politische Entschiedenheit und Einsicht in

533 Hettner, S. 553.
534 Ibid.
535 Cf. Horkheimer, *Gesch. d. neueren Phil.*, S. 347 f.
536 Cf. ibid., S. 349 f.

gesellschaftliche Zusammenhänge. *Programmatisch* taucht die neue, für die zweite Jahrhunderthälfte charakteristische Denkweise erstmals auf in der (1743 anonym erschienenen) Abhandlung *Le Philosophe*[537], die César Chesneau Du Marsais (1676–1756) zugeschrieben wird. Obwohl der – darin noch frühaufklärerische – Autor individuelles Glücksstreben auch um seiner selbst willen rechtfertigt und die (für das Selbstverständnis des späteren Materialismus unentbehrliche) *stoische Moral* bekämpft, geht seine Abhandlung nahezu unverändert ein in den Artikel »Philosophe« des XII. Bandes (1765) der Diderot'schen *Enzyklopädie*[538]. Du Marsais zufolge ist der Philosoph ein Mensch, der – nach eigenem Glück trachtend – seine Erkenntnis in den Dienst der Allgemeinheit stellt und so zum Glück aller beiträgt[539]. Die höchste Instanz, die er anerkennt, ist die »zivilisierte Gesellschaft«; sie »ehrt er durch Redlichkeit, durch peinliche Pflichterfüllung und durch den aufrichtigen Willen, kein unnützes oder störendes Glied dieser Gesellschaft zu sein«[540]. Skepsis in religiösen Dingen genügt nicht, um als Philosoph anerkannt zu werden[541]. Dieser folgt *Grundsätzen*, die auf vielen Einzelbeobachtungen beruhen. Daher sein Respekt vor Tatsachen sowie seine Überzeugung, dass die »Quelle unseres Wissens völlig außerhalb von uns liegt«[542]. Wir schaffen uns »Regeln« allein »über die Gleichartigkeit der wahrnehmbaren Eindrücke«; unser Wissen hört auf, wenn »unsere Sinne nicht fein oder stark genug

537 Du Marsais/Holbach, *Essay*.
538 Cf. ibid., S. 396 f.
539 Cf. ibid., S. 278 f.
540 Ibid., S. 279.
541 Cf. ibid., S. 273.
542 Ibid., S. 275.

sind, uns Kenntnisse zu vermitteln«[543]. Der Philosoph räumt ein, dass er sich selbst nur unvollständig kennt, weil er von seinem Inneren keine äußeren Eindrücke empfangen kann. Hieraus folgt jedoch für ihn nicht die Annahme zweier Substanzen. Zwar weiß er nicht, *wie* er denkt; »da er aber ... in Abhängigkeit von seinem ganzen Selbst denkt, erkennt er, daß seine Substanz in der gleichen Weise zu denken vermag, wie sie hören und sehen kann. Das *Denken* ist im Menschen ein Sinn wie Sehen und Hören und ist gleichfalls von einer organischen Beschaffenheit abhängig.«[544] Der Philosoph begnügt sich damit, Wahrheit dort zu entdecken, wo er sie wahrnehmen kann. Er hütet sich, sie mit dem bloß Wahrscheinlichen oder Zweifelhaften zu verwechseln. Eine »große Vollkommenheit des Philosophen« besteht darin, »sich der Entscheidung zu enthalten«, wenn es ihm am »geeigneten Beweggrund für sein Urteil«[545] fehlt. – Mit dem Erscheinen der *Enzyklopädie* verschärft sich die Opposition des *Dritten Standes* gegen das *Ancien régime*. Das Monumentalwerk, das die fortgeschrittensten Wissenschaften, Künste und technischen Fertigkeiten vor einer politisch zunehmend wacher werdenden Öffentlichkeit ausbreitet, ist kein »friedlicher Speicher«, sondern eine »riesige Belagerungsmaschine und Angriffswaffe«[546]. Nicht alle *philosophes*, die Artikel für die *Enzyklopädie* verfassen, sind erklärte Materialisten, obwohl manche aus heutiger Sicht so zu bezeichnen wären. Andere wie der bedeutende Mathematiker und Physiker Jean le Rond d'Alembert (1717–1783), bis 1758 Mitherausgeber

543 Ibid.
544 Ibid., S. 276.
545 Ibid., S. 277.
546 Hettner, S. 274.

der *Enzyklopädie*, halten sich an *wissenschaftlich* bearbeitbare Phänomene[547]. Als Wegbereiter des modernen *Positivismus* entschlagen sie sich ontologischer Letztaussagen gerade auch hinsichtlich der Materie. Ihr Wesen restlos zu erkennen beanspruchen freilich selbst jene Autoren nicht, die heute als materialistische Enzyklopädisten gelten. Zu ihnen gehört Helvétius, dessen nachgelassenem Werk *De l'Homme* (1772; Vom Menschen) sich entnehmen lässt, dass Begriffe wie »Materialist« oder »Atheist« im vorrevolutionären Frankreich von den *philosophes* problematisiert werden, während ihre Gegner sie in moralisch diskreditierender Absicht verwenden. »Die Theologen«, schreibt Helvétius, »haben mit dem Wort ›Materialist‹, mit dem sie niemals klare Ideen vermitteln konnten, solchen Mißbrauch getrieben, daß dieses Wort schließlich zu einem Synonym von ›aufgeklärter Geist‹ geworden ist. Jetzt bezeichnet man damit die berühmten Schriftsteller, deren Werke begierig gelesen werden.«[548] Ähnlich unklar ist Helvétius das Wort »Atheist«. Soll so jemanden kennzeichnen, der »nur dunkle Ideen der Gottheit« hat, dann »ist jeder Atheist, denn niemand begreift das Unbegreifliche«[549]. Wird es auf die »sogenannten Materialisten« angewendet, setzt man sich der Schwierigkeit aus, über keine »klaren und vollständigen Ideen von der Materie« zu verfügen, weshalb man auch keine »klaren und vollständigen Ideen vom materialistischen Ungläubigen«[550] hat. Betrachtet man jene als Atheisten, »die von Gott nicht dieselbe Idee haben wie die Katholiken«, so muss man auch »Heiden, Ket-

---

547 Cf. Ewald, S. 81 f.
548 *Vom Menschen, S.* 238; cf. S. 532; cf. Löwenthal, S. 25.
549 Ibid., S. 239.
550 Ibid.

zern und Ungläubigen« diesen Namen geben, ohne dass moralisch Verwerfliches ins Spiel kommt. Das Wort bezeichnet mithin einen Menschen, »der in gewissen Fragen der Metaphysik oder der Theologie nicht wie der Mönch und die Sorbonne denkt«[551].

Helvétius

Die in Locke und Condillac angelegte Möglichkeit, den Sensualismus *gesellschaftstheoretisch* zu wenden[552], wird von Claude-Adrien Helvétius (1715–1771) systematisch verwirklicht. Dem verdankt er eine Stellung, der die Historiker, die ihn fast ausnahmslos als frivol, oberflächlich und eitel abtun, nicht gerecht werden. Nur zwei so kritische Geister wie Marx und Nietzsche heben seine Verdienste nachdrücklich hervor[553]. Helvétius entstammt einer pfälzischen, in dritter Generation in Frankreich ansässigen Gelehrtenfamilie. Als Sohn des Leibarztes der Königin erhält er 1738 das einträgliche Amt eines Generalsteuerpächters, das er 1751 niederlegt, um sich ganz den Studien zu widmen. Sein literarischer Mentor ist Voltaire, sein philosophischer Fontenelle, dessen Schriften *Histoire des oracles* (1787) und *De l'origine des fables* (1724) für ihn methodisch zeitlebens verbindlich bleiben. Das Poem *Le bonheur* (1741/51) nimmt die wichtigsten seiner späteren Motive vorweg. Wie La Mettrie verwirft auch Helvétius die stoische Apathie als naturwidrig. Wahrhaft glücklich ist, wer sich sinnlichen und geistigen Interessen öff-

551 Ibid.
552 Cf. MEW 2, S. 137.
553 Cf. Barth, S. 46 ff.; S. 297.

net, ohne allzusehr in Abhängigkeit von anderen zu geraten. Da Streben nach Lust einen mächtigen Hebel menschlichen Tuns bildet, ist es nicht zu unterdrücken, sondern in den Dienst gesellschaftlichen Nutzens zu stellen. Weiser Gesetzgebung obliegt es, das allgemeine Wohl mit dem egoistischen zu versöhnen[554]. Helvétius' Hauptwerk *De l'esprit* (1758; Vom Geist) löst einen Skandal aus. Jesuiten und Jansenisten verbünden sich gegen den Verfasser; die Schrift wird auf Parlamentsbefehl öffentlich verbrannt. Förmliche Widerrufe sowie seine Verbindungen zum Hof bewahren Helvétius vor Haft oder Schlimmerem. Er schweigt fortan, arbeitet aber an seinem zweiten großen Werk *De l'homme, de ses facultés intellectuelles et de son éducation*, das ein Jahr nach seinem Tod veröffentlicht wird. Helvétius entwickelt hier, angeregt durch die politischen Verhältnisse Englands, das er 1764 besucht hatte, seine gesellschaftlichen Anschauungen weiter. 1774 erscheint *Le vrai sens du système de la nature*, ein Auszug des (1770 ebenfalls durch Henkershand verbrannten) Holbach'schen Buches, 1775 die Abhandlung *Le progrès de la raison dans la recherche du vrai.* – Den Kern der Philosophie des Helvétius bilden Untersuchungen des menschlichen Geistes. Wird dieser »an sich« betrachtet, so ist er entweder »Wirkung des Denkvermögens«, die »Gesamtheit der Gedanken eines Menschen«, oder das »Denkvermögen selbst«[555]. Um festzustellen, was Geist im letzteren Sinne ist, müssen wir fragen, wodurch unsere Ideen verursacht werden. Sie beruhen, antwortet Helvétius, ausnahmslos auf zwei *passiven*, allgemein anerkannten Fähigkeiten. Wir können verschiedene, von äußeren Gegenständen herrührende Eindrücke empfangen.

554 Cf. Ewald, S. 124 f.

555 *Vom Geist, S.* 81.

Zu diesem »physischen Empfindungsvermögen« (*sensibilité physique*) tritt das »Gedächtnis« (*mémoire*): die Fähigkeit, solche Eindrücke als »abgeschwächte« Empfindungen festzuhalten[556]. Da aber das Gedächtnis nur ein »Organ des physischen Empfindungsvermögens« ist – das in uns empfindende Prinzip ist zugleich das sich erinnernde –, müssen sämtliche Operationen des Geistes »in der Fähigkeit bestehen, die Ähnlichkeit oder die Verschiedenheit, die Übereinstimmung oder die Nichtübereinstimmung zwischen verschiedenen Gegenständen wahrzunehmen. Nun ist diese Fähigkeit aber nichts weiter als das physische Empfindungsvermögen selbst: also läßt sich alles auf die Empfindung zurückführen.«[557] Dem bleibt hinzuzufügen, daß die unsere Gedanken hervorbringenden Fähigkeiten, die wir mit den Tieren gemeinsam haben, nur dadurch *zivilisatorischen Fortschritt* bewirken konnten, daß sie an »einen bestimmten äußeren Bau«[558] gebunden sind. Dank seiner gegliederten Hand vermag es der Mensch, Werkzeuge herzustellen. Sprachliche Zeichen erlauben es ihm, empfangene Eindrücke zu fixieren und den Geist zu entwickeln[559]. – In dem Maße nun, wie Helvétius das physische Empfindungsvermögen nicht nur als Grundlage der Erkenntnis, sondern *aller Lebenstätigkeit* betrachtet, gewinnt sein Sensualismus eine (über dessen erkenntnistheoretische Mängel hinausgehende) Dimension, die es gestattet, den menschlichen Geist »in Bezug auf die Gesellschaft«[560] zu untersuchen. Soziologische Faktoren kommen bereits

---

556 Cf. ibid.
557 Ibid., S. 83.
558 Ibid., S. 81.
559 Cf., S. 83.
560 *Vom Geist*, S. 113.

ins Spiel, wenn Helvétius Affekte, Unwissenheit und Missbrauch der Wörter als »Quellen« unserer Irrtümer, d. h. unsachgemäßer Urteile erörtert[561]. Unser Stand oder Beruf beeinträchtigt die Auswahl, Interpretation und Bewertung der in unserem Blickfeld auftauchenden Tatsachen. Sonderinteressen trüben unser Bewusstsein. Über sie hat Philosophie sich Rechenschaft abzulegen. Nur so wird sie ihrer Aufgabe gerecht, das Interesse der Allgemeinheit zu vertreten. Letztere freilich kann sich nur im Einklang mit individuellen Interessen und Leidenschaften positiv entwickeln. Diese bilden, so Helvétius, ebenso »den Keim zu unzähligen Irrtümern« wie »die Quelle unserer Einsichten«[562]: »Obwohl sie uns in die Irre führen, verleihen doch nur sie uns die nötige Kraft, um vorwärts zu schreiten: sie allein können uns ... jener Trägheit entreißen, die stets im Begriffe ist, alle Fähigkeiten unserer Seele zu überwältigen.«[563] Unter diesem doppelten Gesichtspunkt konkretisiert Helvétius seine *antirationalistische* Ausgangsthese von der gesellschaftlichen Rolle der *Selbst-* oder *Eigenliebe* (*amour-propre*). Ihr zufolge »kann immer nur ein triebmäßig fundiertes Interesse eine Handlung bedingen, und die Angabe rationaler Gründe genügt nicht, um die wahre Verursachung zu enthüllen«. Wo immer »ein als schön und edel geltendes Motiv angegeben wird, ist die Frage angebracht, welches wirkliche Interesse hinter dieser Fassade steht«[564]. Mit Condillac knüpft Helvétius kritisch an Lockes Erkenntnistheorie an, wobei er sich auf sozialpsychologische Einsichten der französischen *Moralistik* stützt. Sein wich-

561 Cf. ibid., S. 86 ff.
562 Ibid., S. 87.
563 Ibid., S. 88.
564 Horkheimer, *Gesch. d. neueren Phil.*, S. 359.

tigster Gewährsmann ist François La Rochefoucauld (1613–1680), dessen *Réflexions ou sentence et maximes morales* (1665) alles menschliche Tun (aus höfisch-aristokratischer Sicht) auf naturgegebene, oft kunstvoll verkleidete *Egoismen* zurückführen[565]. Eine weitere Quelle der Gesellschafts- und Morallehre des Helvétius (wie der französischen Aufklärung insgesamt) bildet die politisch-antikirchlich interpretierte *Idolenlehre* Bacons. Zielt Bacon darauf ab, atheoretische, die Erkenntnis der Natur beeinträchtigende Faktoren aufzuspüren und möglichst zu eliminieren[566], so überführt Helvétius Bacons methodologische Erwägungen in eine *Soziologie der Vorurteile*. Diese hat den Anteil der Gesellschaft an Genese und Inhalt jener Ideen zu erforschen, die von den Menschen als verbindlich erachtet werden und in denen sie ein getreues Bild ihrer Lebensverhältnisse zu besitzen glauben. Die gesellschaftliche Bedingtheit der Ideen ist jedoch für Helvétius keineswegs gleichbedeutend damit, dass sie lediglich Interessen irgendwelcher Gruppen oder Institutionen widerspiegeln. Darin Fortsetzer Bacons, denkt Helvétius erkenntniskritisch. Einsicht in die Standortgebundenheit bestimmter Bewusstseinsformen soll gerade dazu beitragen, die Unabhängigkeit und Objektivität gesellschaftlicher Erkenntnis zu fördern.

---

565 Cf. *Vom Geist*, S. 97 f.

566 Cf. S. ff.

Quellen/Literatur

Antoine Adam, *Le mouvement philosophique dans la première moité du 18e siècle*, Paris 1967.

Theodor W. Adorno, *Zur Metakritik der Erkenntnistheorie*, Stuttgart 1956.

Ders., *Negative Dialektik*, Frankfurt a. M. 1966.

Ders., *Philosophische Terminologie*, Bd. 2. hrsg., v. Rudolf zur Lippe, Frankfurt a. M. 1974.

Analytische Philosophie des Geistes, hrsg. v. Peter Bieri, Königstein/Ts. 1981.

Aristoteles, *Metaphysik*, hrsg. v. Paul Gohlke, Paderborn 1951.

D. M. Armstrong, *A Materialist Theory of the Mind*, London 1968.

Artikel aus der von Diderot herausgegebenen Enzyklopädie, hrsg. v. Manfred Naumann, Leipzig 1972.

Peter W. Atkins, *Schöpfung ohne Schöpfer. Was war vor dem Urknall?*, Reinbek b. Hamburg 1984.

Hans Barth, *Wahrheit und Ideologie*, Erlenbach-Zürich/Stuttgart ^{2}1961.

Francis Bacon, *Das neue Organ der Wissenschaften (Novum Organon)*, hrsg. v. Manfred Buhr, Berlin 1962.

Gerhard Bartsch (Hrsg.), *De Tribus Impostoribus Anno MDIIC / Von den drei Betrügern 1598 (Moses, Jesus, Mohammed)*, Berlin 1960.

Arno Baruzzi, *Aufklärung und Materialismus im Frankreich des 18. Jahrhunderts*, München 1986.

Albert Bayet, *Histoire de la libre-pensée*, Paris 1962.

Ernst Bloch, *Das Prinzip Hoffnung*, Frankfurt 1959.

Ders., *Das Materialismusproblem, seine Geschichte und Substanz*, Frankfurt a. M. 1972.

Olivier Bloch, *Images au XIXe siècle du matérialisme du XVIIIe siècle*, Paris 1979.

Ders. (Hrsg.), *Le matérialisme du XVIIIe siècle et la littérature clandestine*, Paris 1982.

Ders., *Le matérialisme*, Paris 1985.

August Nathan Böhner, *Naturforschung und Kulturleben in ihren neuesten Ergebnissen*, Hannover [2]1864.

Emil du Bois-Reymond, *Über die Grenzen des Naturerkennens*, Leipzig [9]1903, Darmstadt 1961.

Robert Boyle, *Of the Excellency and Grounds of the Corpuscular or Mechanical Philosophy: The Works* (1772), Bd. 4, Hildesheim 1966.

Hermann Braun, Artikel *»Idealismus-Materialismus«: Historisches Lexikon zur politisch-sozialen Sprache in Deutschland*, hrsg. v. Otto Brunner, Werner Conze u. Reinhart Koselleck, Bd. 3., Stuttgart 1982, S. 977-1020.

Giordano Bruno, Ges. Werke, hrsg. v. Ludwig Kuhlenbeck, 6 Bde., Jena/ Leipzig 1904-1909.

Ders., *Von der Ursache, dem Prinzip und dem Einen*, Stuttgart 1986.

Nicolaj Bucharin, *Theorie des historischen Materialismus*, Hamburg 1922.

Ludwig Büchner, *Kraft und Stoff*, Frankfurt a. M., 1855.

Ders., *Die Darwin'sche Theorie*, Leipzig [4]1876.

Ders., *Der Mensch und seine Stellung in Natur und Gesellschaft*, Leipzig [3]1889.

Mario Bunge, *Scientific Materialism*, Dordrecht 1981.

Pierre-Jean Cabanis, *Oeuvres philosophiques*, hrsg. v. Claude Lehec u. Jean Cazeneuve, 2 Bde., Paris 1956.

Keith Campbell, *Body and Mind*, New York 1970.

Ernst Cassirer, *Die Philosophie der Aufklärung*, Tübingen 1932.

Jean-Pierre Changeux, *Der neuronale Mensch. Wie die Seele funktioniert – die Entdeckungen der neuen Gehirnforschung*, Reinbek b. Hamburg 1984.

Ders., Alain Connes, *Gedankenmaterie*, Berlin 1992.

Etienne Bonnot, Abbé de Condillac, *Oeuvres Complètes*, Bd. 3, (Traité des sensations), Paris 1798.

Ders., *Essai über den Ursprung der menschlichen Erkenntnisse* (1746), hrsg. v. Ulrich Ricken, Leipzig 1977.

Ders., *Abhandlung über die Empfindungen* (1754). hrsg. v. Lothar Kreimendahl, Hamburg 1983.

Adolph Cornill, *Materialismus und Idealismus in ihren gegenwärtigen Entwicklungskrisen*, Heidelberg 1858.

Heinrich Czolbe, *Neue Darstellung des Sensualismus*, Leipzig 1855.

Ders., *Entstehung des Selbstbewußtseins*, Leipzig 1856.

Der Darwinismus. Geschichte einer Theorie, hrsg. v. Günter Altner, Darmstadt 1981 (WdF 449).

Heinz Degen, *Vor hundert Jahren: Die Naturforscherversammlung zu Göttingen und der Materialismusstreit*, Naturwissenschaftliche Rundschau, 7. Jahrg., Heft 7, 1954.

René Descartes, *Über den Menschen*, hrsg. v. K.E. Rothschuh, Heidelberg 1969.

Roland Desné, *Les matérialistes français de 1750 à 1800*, Paris 1965.

Denis Diderot, *Oeuvres complètes*, hrsg. v. J. Assézat, 20 Bde., Paris 1875–1877.

Ders., *Philosophische Schriften*, hrsg. v. Theodor Lücke, 2 Bde., Berlin 1961.

Denis Diderot, hrsg. v. Jochen Schlobach, Darmstadt 1992 (WdF 655).

Malte Dießelhorst, *Ursprünge des modernen Systemdenkens bei Hobbes*, Stuttgart 1968.

Josef Dietzgen, Sämtliche Schriften, hrsg. v. Eugen Dietzgen, Berlin [4]1930.

E.J. Dijksterhuis, *Die Mechanisierung des Weltbildes*, Berlin 1956.

Wilhelm Dilthey, *Weltanschauungslehre* (Ges. Schr. Bd. 8), Stuttgart [4]1968.

Tamara Dlugach, *Denis Diderot*, Moskau 1988 (in englischer Sprache).

Arthur Drews, *Geschichte des Monismus im Altertum*, Heidelberg 1913.

Maurice Dommanget, *Le curé Meslier. Athée, communiste et révolutionnaire sous Louis XIV*, Paris 1965.

Hans Driesch, *Die Überwindung des Materialismus*, Zürich 1935.

Eugen Dühring, *Der Werth des Lebens*, hrsg. v. Ulrich Dühring, Leipzig [8]1922.

Charles-François Dupuis, *Origine des tous les Cultes ou la Religion universelle, Paris* 1794; dt.: *Ursprung der Gottesverehrung*, hrsg. v. Friedrich Streißler, Leipzig 1910.

Friedrich Engels, *Umrisse zu einer Kritik der Nationalökonomie (1843/44)*: MEW 1, Berlin 1957.

Ders., *Die Lage Englands. Das 18. Jahrhundert (1843)*, MEW 1, Berlin 1957.

Ders., *Anti-Dühring (1878)*, MEW 20, Berlin 1962.

Ders., *Dialektik der Natur (1873-83)*, MEW 20, Berlin 1962.

Ders., *Ludwig Feuerbach und der Ausgang der klassischen deutschen Philosophie (1888)*, MEW 21, Berlin 1962.

Ders., *Einleitung zur englischen Ausgabe (1892) der »Entwicklung des Sozialismus von der Utopie zur Wissenschaft«*, MEW 22, Berlin 1963.

Enzyklopädie zur bürgerlichen Philosophie im 19. und 20. Jh., hrsg. v. Manfred Buhr, Köln 1988.

Johann Eduard Erdmann, *Versuch einer wissenschaftlichen Darstellung der neuern Philosophie*, Bd. 3, *Locke und die Entwicklung des Empirismus und Materialismus vor Kant*, Stuttgart 1934.

Oskar Ewald, *Französische Aufklärungsphilosophie*, München 1924.

James K. Feibleman, *The New Materialism*, The Hague 1970.

Friedrich Engels über die Dialektik der Naturwissenschaft, hrsg. v. B.M. Kedrow, Köln 1979.

Ludwig Feuerbach, Ges. Werke, hrsg. v. Werner Schuffenhauer, Berlin 1967ff. (bis 1990 14 Bde. erschienen).

Otto Finger, *Von der Materialität der Seele. Beitrag zur Geschichte des Materialismus und Atheismus in der zweiten Hälfte des 18. Jahrhunderts*, Berlin 1961.

Kurt Flasch, *Das philosophische Denken im Mittelalter*, Stuttgart 1986.

Elisabeth de Fontenay, *Diderot ou le matérialisme enchanté*, Paris 1981.

Julius Frauenstädt, *Der Materialismus. Seine Wahrheit und sein Irrthum*, Leipzig 1856.

Petrus Gassendi, *Opera omnia*, Lyon 1658, 6 Bde, Stuttgart/Bad Cannstadt 1964.

Rolf Geisler, *Boureau-Deslandes. Ein Materialist der Frühaufklärung*, hrsg. v. Werner Krauss u. Walter Dietze, Berlin 1967.

Alfred Gierer, *Die Physik, das Leben und die Seele*, München 1985.

Hans Girnsberger, *Der utopische Sozialismus des 18. Jh. in Frankreich*, Wiesbaden [2]1973.

J. Grasset, *Introduction physiologique à l'étude de la philosophie*, Paris 1908.

Stephan Grätzel, *Die philosophische Entdeckung des Leibes*, Wiesbaden 1989.

Frederick Gregory, *Scientific Materialism in Nineteenth Century Germany*, Dordrecht 1977.

Griechische Atomisten, hrsg. v. Fritz Jürss, Reimar Müller, Ernst Günther Schmidt, Leipzig 1973.

Bernhard Groethuysen, *Die Entstehung der bürgerlichen Welt- und Lebensanschauung in Frankreich*, Bd. 1, Halle 1927, Kap.: Die Idee des Todes.

Große Materialisten. Zur Geschichte des vormarxistischen Materialismus, hrsg. v. Günter Gurst, Leipzig 1965.

Herbert Grundmann, *Ketzergeschichte des Mittelalters*, [2]1967 (KIG 2, Lieferung G, 1. Teil).

Arsenij Gulyga, *Der deutsche Materialismus am Ausgang des 18. Jahrhunderts*, Berlin 1966.

Georges Gusdorf, *Dieu, la nature, l'homme au siècle des lumières*, Paris 1972.

Ernst Haeckel, *Die Welträtsel (1899)*, Berlin 1960 (Nachdruck der 11., verbesserten Auflage).

Ders., *Der Monismus als Band zwischen Religion und Wissenschaft*, Stuttgart 1905.

Paul Haffner, *Der Materialismus in der Kulturgeschichte*, Mainz 1865.

Heiner Halstedt, *Das Leib-Seele-Problem*, Frankfurt a. M. 1988.

Georg Wilhelm Friedrich Hegel, *Vorlesungen über die Geschichte der Philosophie: Sämtliche Werke*, hrsg. v. Hermann Glockner, Bd. 19, Stuttgart 1959.

Martin Heidegger, *Brief über den Humanismus*, Frankfurt a.M. 1949.

Carlton J.H. Hayes, *A Generation of Materialism*, 1871-1900, New York 1941.

Claude-Adrien Hèlvétius, *Vom Geist*, hrsg. v. Werner Krauss, Berlin/Weimar 1973.

Ders., *Vom Menschen, von seinen geistigen Fähigkeiten und von seiner Erziehung (1772)*, hrsg. v. Werner Krauss, Berlin/Weimar 1976.

Johannes Hemleben, *Ernst Haeckel, der Idealist des Materialismus*, Hamburg 1974.

Hermann Hettner, *Geschichte der französischen Literatur im achtzehnten Jahrhundert*, Braunschweig [7]1913.

Ernst v. Hippel, *Bacon und das Staatsdenken des Materialismus*, Wiesbaden 1948.

Thomas Hobbes, *The English Works*, hrsg. v. Sir W. Molesworth, 11 Bde., London 1839-1845, Aalen 1962.

Ders., *Grundzüge der Philosophie*, 2 Bde., Leipzig 1948/49.

Ders., *Leviathan*, hrsg. v. Iring Fetscher, Neuwied/Berlin 1966.

Paul Thiry d'Holbach, *Premieres oeuvres*, hrsg. Paulette Charbonel, Paris 1972.

Ders., *Système de la nature*, London 1770, 2 Bde., Hildesheim 1966, dt.: System der Natur, hrsg. v. Manfred Naumann, Berlin 1960.

Ders., *Systéme social ou principes naturels de la morale et la politique*, Londres 1773, dt.: Sociales System, Leipzig 1898.

Ders., *Ethocratie*, Amsterdam 1776, Hildesheim/New York 1973.

Ders., *Religionskritische Schriften*, hrsg. v. Manfred Naumann, Berlin/Weimar 1970.

Max Horkheimer, *Einführung in die Philosophie der Gegenwart* (1926), Ges. Schr., Bd. 10., hrsg. v. Alfred Schmidt, Frankfurt 1990.

Ders., *Theismus/Atheismus* (1963), Ges. Schriften, Bd. 7., hrsg. v. Gunzelin Schmid Noerr, Frankfurt 1985, S. 173-186.

Ders., *Vorlesung über die Geschichte der neueren Philosophie* (1927), Ges. Schr., Bd. 9., hrsg. v. Alfred Schmidt, Frankfurt 1987.

Ders., *Materialismus und Metaphysik* (1933), Ges. Schr., Bd. 3., hrsg. v. Alfred Schmidt, Frankfurt 1988, S. 70-105.

Ders., *Materialismus und Moral* (1933), Ges. Schr., Bd. 3., hrsg. v. Alfred Schmidt, Frankfurt 1988, S. 111-149.

Ders., *Geschichte des Materialismus* (1957), Ges. Schr., Bd. 13., hrsg. v. Gunzelin Schmid Noerr, Frankfurt 1989, S. 397-451.

Herbert Hörz, *Materiestruktur. Dialektischer Materialismus und Elementarteilchenphysik*, Berlin 1971.

Fred Hoyle, *Mensch und Materialismus*, Berlin o.J.

René Hubert, *D'Holbach et ses amis*, Paris 1928.

Nikolai Iribadschakov, *Antiker Materialismus aktuell: Demokrit, »der lachende Philosoph«*, Frankfurt a. M. 1983.

Johannes Jung, *Carl Vogts Weltanschauung. Ein Beitrag zur Geschichte des Materialismus im 19. Jahrhundert*, Paderborn 1915.

Fritz Jürss, *Von Thales zu Demokrit*, Köln 1977.

Guntram Knapp, *Der antimetaphysische Mensch, Darwin. Marx. Freud*, Stuttgart 1973.

Panajotis Kondylis, *Die Aufklärung im Rahmen des neuzeitlichen Rationalismus*, Stuttgart 1981.

Ders., *Die neuzeitliche Metaphysikkritik*, Stuttgart 1990.

Werner Krauss, *Helvétius: Essays zur französischen Literatur*, Berlin und Weimar 1968.

Kritischer Materialismus. Zur Diskussion eines Materialismus der Praxis. Für Alfred Schmidt zum 60. Geburtstag, hrsg. v. Matthias Lutz-Bachmann / Gunzelin Schmid Noerr, München 1991.

G. Koutchérenko, *La pensée sociale au XVIIIe et au début du XIXe siècle*, Moscou 1989.

Werner Krauss, *Zur Bezeichnung einiger philosophischer Grundbegriffe der deutschen und französischen Aufklärung*, in: Neue Beiträge zur Literatur der Aufklärung, Berlin 1964.

Hartwig Kuhlenbeck, *Gehirn, Bewußtsein und Wirklichkeit*, hrsg. v. Joachim Gerlach, Darmstadt 1981.

Wolfgang Kuhn, *Biologischer Materialismus. Der Mensch ist keine Maschine*, Osnabrück 1973.

Julien Offray de La Mettrie, *Oeuvres philosophiques*, Textes revu par Francine Markovits, 2 Bde., Paris 1987.

Ders., *Der Mensch als Maschine*, hrsg. v. Bernd A. Laska, Nürnberg 1985.

Ders., *Über das Glück oder das höchste Gut*, Anti-Seneca, hrsg. v. Bernd A. Laska, Nürnberg 1985.

Ders., *Philosophie und Politik*, hrsg. v. Bernd A. Laska, Nürnberg 1987.

Ders., *Die Kunst, Wollust zu empfinden*, hrsg. v. Bernd A. Laska, Nürnberg 1987.

Pierre Lamy, *Claude Bernard et le matérialisme*, Paris 1939.

Friedrich Albert Lange, *Geschichte des Materialismus und Kritik seiner Bedeutung in der Gegenwart* (1866, ^{2}1873-75), 2 Bde., hrsg. v. Alfred Schmidt, Frankfurt 1974.

Alphonse Leblais, *Matérialisme et spiritualisme. Etude de philosophie positive*, Paris 1865.

Gottfried Wilhelm Leibniz / Samuel Clarke, *Merkwürdige Schriften, welche auf gnädigsten Befehl Ihro Königl. Hoheit der Cron-Prinzessin von Wallis, zwischen dem Herrn Baron von Leibniz und dem Herrn S. Clarke, über besondere Materien der natürlichen Religion*, in Französ. und Englischer Sprache gewechselt ..., Jena 1720, S. 2-9.

Dietrich Lemke, *Die Theologie Epikurs*, München 1973.

Wladimir Iljitsch Lenin, *Materialismus und Empiriokritizismus* (Moskau 1909), ders.: Werke, Bd. 14, Berlin 1968.

J.B. Leu, *Bericht über den neueren Materialismus*, Luzern 1858.

Hermann Ley, *Studie zur Geschichte des Materialismus im Mittelalter*, Berlin 1966.

Ders., *Geschichte der Aufklärung und des Atheismus*, Berlin 1966 ff. (9 Bde. bis 1989 ersch.).

John Locke, *Versuch über den menschlichen Verstand* (1690), Hamburg [5]1988.

Leo Löwenthal, *Helvetius*, Schriften 5, hrsg. v. Helmut Dubiel, Frankfurt am Main 1987.

Ludwig Feuerbach, hrsg. v. Erich Thies, Darmstadt 1976 (WdF 438).

Hermann Lübbe, *Politische Philosophie in Deutschland. Studien zu ihrer Geschichte*, Basel/Stuttgart 1963.

Georg Lukács, *Geschichte und Klassenbewußtsein. Studien über marxistische Dialektik* (1923), Neuwied/Berlin 1968.

Ders., *Zur Ontologie des gesellschaftlichen Seins*, 2 Bde., Darmstadt und Neuwied 1984/86.

Lukrez, *Über die Natur der Dinge*, übers. v. Hermann Diels, Berlin 1956.

Ernst Mach, *Die Mechanik in ihrer Entwicklung, historisch-kritisch dargestellt* (1883), Berlin 1988.

Norman Malcolm, *Problems of Mind. From Descartes to Wittgenstein*, New York 1971.

Cesár Chesneau du Marsais, *Paul Thiry d'Holbach, Essay über die Vorurteile* (1770), Leipzig 1972.

Karl Marx, *Ökonomisch-philosophische Manuskripte* (1844): MEW Ergänzungsbd. 1. Teil, Berlin 1968.

Ders., *Thesen über Feuerbach* (1845), MEW 3, Berlin 1958.

Ders., *Der achtzehnte Brumaire des Louis Bonaparte* (1852), MEW 8, Berlin 1960.

Ders., *Zur Kritik der politischen Ökonomie* (1859), MEW 13, Berlin 1961, S. 3-160.

Ders., *Das Kapital*, Bd. 1 (1867), MEW 23, Berlin 1962, Bd. 3 (1894), MEW 25, Berlin 1984.

Karl Marx, Friedrich Engels, *Die heilige Familie* (1845), MEW 2, Berlin 1959.

Dies., *Die deutsche Ideologie* (1845/46), MEW 3, Berlin 1958.

Marxistisch-leninistische Theorie des historischen Prozesses, hrsg. v. Wolfgang Eichhorn u. Frank Rupprecht, Moskau 1981, Berlin 1985.

Materialisten der Leibniz-Zeit, hrsg. v. Gottfried Stiehler, Berlin 1966.

Materialistische Dialektik in der physikalischen und biologischen Erkenntnis, hrsg. v. Herbert Hörz u. Ulrich Röseberg, Frankfurt a.M. 1981.

Heinz Maus, *Materialismus* (1947), ders., Die Traumhölle des Justemilieu. hrsg. v. Michael Th. Greven u. Gerd van de Moetter, Frankfurt a. M. 1981, S. 279-289.

Fritz Mauthner, *Der Atheismus und seine Geschichte im Abendlande*, 4 Bde., Stuttgart 1920-23, Frankfurt a. M. 1989.

Robert Mauzi, *L'Idée du bonheur dans la littérature et la pensée françaises au XVIIIe Siècle*, Paris 1928.

Heinrich Adam Meissner, *Phil. Lexicon* aus Christian Wolffs sämtlichen deutschen Schriften (1737), hrsg. v. Lutz Geldsetzer, Düsseldorf 1970.

Günter Mensching, *Totalität und Autonomie. Untersuchung zur philosophischen Gesellschaftstheorie des französischen Materialismus*, Frankfurt a. M. 1971.

Jean Meslier, *Le testament de Jean Meslier*, hrsg. v. Rudolf Charles, 3 Bde., Amsterdam 1864; gekürzte dt. Ausgabe, *Das Testament des Abbé Meslier*, hrsg. v. Günter Mensching, Frankfurt a. M. 1976.

Phillip Mitsis, *Epicurus' Ethical Theory*, Ithaka/London 1988.

Henry More, *Opera Omnia* (1679), Hildesheim 1966.

Modern *Materialism: Readings on Mind-Body Identity*, hrsg. v. John O'Connor, New York 1969.

Ch. N. Momdshian, *Helvetius*, Berlin 1959.

Jacques André Naigeon, *Le militaire philosophe*, London 1769, Hildesheim/New York 1978.

Manfred Buhr, Herbert Hörz (hrsg.), *Naturdialektik-Naturwissenschaft. Das Erbe der Engelsschen »Die Dialektik der Natur« und seine aktuelle Bedeutung für die Wissenschaftsentwicklung*, Frankfurt am Main 1986.

Manfred Naumann, »*Holbach und das Materialismusproblem in der französischen Aufklärung*«, *Grundpositionen der französischen Aufklärung*, hrsg. v. Werner Kraus u. Hans Mayer, Berlin 1954, S. 85-127.

Pierre Naville, *D'Holbach et la philosophie scientifique au XVIIIe siècle*, Paris [2]1967.

Wilhelm Nestle, *Vom Mythos zum Logos*, Stuttgart [2]1975.

I.W. Nikolajew, *Die wesentlichen Entwicklungsetappen der Kategorie »Materie«*, *Philosophie und Gesellschaft*, hrsg. v. Werner Pfoh u. Hans Schulze, Berlin 1958.

Paul Nizan, *Les matérialistes de l'antiquité*, Paris 1968.

Teodor Iljitsch Oiserman, *Die philosophischen Grundrichtungen*, Berlin 1976.

Georgi W. Plechanow, *Beiträge zur Geschichte des Materialismus. Holbach. Helvetius. Marx* (1896), Berlin [2]1957.

Ders., *Grundprobleme des Marxismus* (1908), Berlin 1958.

Ders., *Zur Frage der monistischen Geschichtsauffassung*, Frankfurt am Main 1975.

Olaf Pluta, *Kritiker der Unsterblichkeitsdoktrin in Mittelalter und Renaissance*, Amsterdam 1986.

Karl R. Popper, John C. Eccles, *Das Ich und sein Gehirn* (1977), München 1982.

Werner Post, Alfred Schmidt, *Was ist Materialismus?*, München 1975.

J.E. Poritzky, *Lamettrie*, Berlin 1900.

Lorenz B. Puntel, *Materialismus und Metaphysik: Metaphysik nach Kant?*, hrsg. v. Dieter Henrich u. Rolf-Peter Horstmann, Stuttgart 1988.

Piere Raymond, *Le passage au matérialisme*, Paris 1973.

Ernest Renan, *Averroës et l'averoïsme*, Paris [6]1852.

Marc Roselaar, *Lukrez*, Amsterdam 1943.

Jean-Paul Sartre, *Materialismus und Revolution*, Stuttgart 1950.

Matthias Jacob Schleiden, *Über den Materialismus der neueren deutschen Naturwissenschaft*, Leipzig 1856.

Tilo Schabert, *Natur und Revolution. Untersuchungen zum politischen Denken im Frankreich des achtzehnten Jahrhunderts*, München 1969.

Alfred Schmidt, *»Goethes herrlich leuchtende Natur«*, Philosophische Studie zur deutschen Spätaufklärung, München/Wien 1984.

Ders., *Der Begriff der Natur in der Lehre von Marx*, Frankfurt a. M. [2]1971.

Ders., *Drei Studien über Materialismus. Schopenhauer, Horkheimer, Glücksproblem*. München/Wien 1977.

Ders., *Praxis*, ders., *Kritische Theorie, Humanismus, Aufklärung*, Stuttgart 1981, S. 110-164.

Ders., *Begriff des Materialismus bei Adorno: Adorno-Konferenz 1983*, hrsg. v. Ludwig von Friedeburg u. Jürgen Habermas, Frankfurt a. M. 1984, S. 14-31.

Ders., *»Giordano Bruno als Wegbereiter eines spekulativen Materialismus«, Nachwort zu: Giordano Bruno, Über die Ursache, das Prinzip und das Eine*, Stuttgart 1986, S. 176-199.

Ders., *Schwierigkeiten einer philosophischen Freud-Rezeption*, Psyche 42 (1988), S. 392-405.

Ders., *Emanzipatorische Sinnlichkeit. Ludwig Feuerbachs anthropologischer Materialismus*, München [3]1988.

Helmut Seidel, *Scholastik, Mystik und Renaissancephilosophie*, Berlin 1990.

Arthur Schopenhauer, *Die Welt als Wille und Vorstellung*, Bd. 1 u. 2, Sämtl. Werke Bd. 2 u. 3, hrsg. v. Arthur Hübscher, Wiesbaden [3]1972.

Erwin Schrödinger, *Geist und Materie*, Wien/Hamburg 1986.

J.J.C. Smart, *Philosophy and Scientific Realism*, London 1963.

Ders., *»Materialism«: The Mind/Brain Identity Theory*, hrsg. v. C. V. Borst, London/Basingstoke [5]1979, S. 159-170.

Patricia Smith Churchland, *Neurophilosophy: Towards a Unified Science of the Mind-Brain*, Cambridge, Mass./ London 1986.

Philippe Sollers, *Sur le matérialisme*, Paris 1974.

Karl Spazier, *Antiphädon oder Prüfung einiger Hauptbeweise für die Einfachheit und Unsterblichkeit der menschlichen Seele* (1785). hrsg. v. Werner Krauss, Berlin 1961.

Roger Sperry, *Naturwissenschaft und Wertentscheidung* (1883), München 1985.

Josef Stalin, »*Über dialektischen und historischen Materialismus*«: ders., Fragen des Leninismus, Moskau 1947, S. 647-679.

Manfred Starke, *Der französische Materialismus, in: Französische Aufklärung. Bürgerliche Emanzipation und Bewußtseinsbildung*, Leipzig 1974.

Fernand van Steenberghen, *Die Philosophie im 13. Jh.*, München /Paderborn/Wien 1977.

Gottfried Stiehler, *Beiträge zur Geschichte des vormarxistischen Materialismus*, Berlin 1961.

József Szigeti, *Denis Didero – une grande figure du matérialisme militat du XVIIIe siècle*, Budapest 1977.

Anton Tanner, *Vorlesungen über den Materialismus*, Luzern 1864.

August Thalheimer, A.M. Deborin, *Spinozas Stellung in der Vorgeschichte des dialektischen Materialismus*, Berlin 1928.

Ann Thomson, *Materialism and Society in the Mid-eighteenth Century: La Mettrie's Discours préliminaire*, Genève/Paris 1981.

Tayeb Tisini, *Die Materieauffassung in der islamisch-arabischen Philosophie des Mittelalters*, Berlin 1972.

John Toland, *Briefe an Serena*, hrsg. v. Erwin Pracht, Berlin 1959.

Francesco Tomasi, *Ludwig Feuerbach und die nicht-menschliche Natur*, Stuttgart-Bad Cannstatt 1990.

Ferdinand Tönnies, *Thomas Hobbes. Leben und Lehre*, Stuttgart [3]1925, Stuttgart/Bad Cannstatt 1973.

Die Trennung von Körper und Geist, hrsg. v. Rüdiger Bubner, Burkhard Gladigow u. Walter Haug, München 1990.

Triumph und Krise der Mechanik, hrsg. v. Karl von Meyenn, München 1990.

Friedrich Ueberwegs Grundriß der Geschichte der Philosophie, 2. Teil. hrsg. v. Bernhard Geyer, Berlin 1928.

Ueberweg, *Die Philosophie des 17. Jahrhunderts 3*, England, Erster Halbband. hrsg. v. Jean-Pierre Schobinger, Basel 1988.

Hélène Védrine, *La conception de la nature chez Giordano Bruno*, Paris 1967.

Vogt, Moleschott, Büchner. *Schriften zum kleinbürgerlichen Materialismus in Deutschland*, hrsg. v. Dieter Wittich, 2 Bde., Berlin 1971.

Francois Marie Voltaire, *Erzählungen/ Dialoge/Streitschriften*, Bd. 3 hrsg. v. Martin Fontius, Berlin 1981.

Die Vorsokratiker, hrsg. v. Wilhelm Capelle, Stuttgart [5]1968.

Johann Georg Walch, *Philosophisches Lexicon* (1726), Bd. 2, Hildesheim 1968.

Marx W. Wartowsky, *Feuerbach*, Cambridge 1977.

Adam Weishaupt, *Über Materialismus und Idealismus* ([2]1787), Meisenheim am Glan 1979.

Gustav A. Wetter, *Der dialektische Materialismus. Seine Geschichte und sein System in der Sowjetunion*, Freiburg [3]1956.

Bernard Willms, *Thomas Hobbes. Das Reich des Leviathan*, München 1987.

Ursula Winter, *Der Materialismus bei Diderot*, Genf/Paris 1972.

Dies., *Wissenschaftsmethodologie und Moral. Untersuchungen zur experimentellen Methode bei Diderot*, in: *Denis Diderot oder die Ambivalenz der Aufklärung*, hrsg. v. Dietrich Harth/Martin Raether, Würzburg 1987.

Hans-Ulrich Wöhler, *Geschichte der mittelalterlichen Philosophie*, Berlin 1990.

Christian Wolff, *Vernünfftige Gedancken von Gott, der Welt und der Seele des Menschen*, Halle 1720.

Ders., *Vernünfftige Gedancken von Gott, der Welt und der Seele des Menschen, auch allen Dingen überhaupt*, Bd. 2 u. 3, Frankfurt a.M. [4]1770.

Siegfried Wollgast, *Der deutsche Pantheismus im 16. Jahrhundert*, Berlin 1972.

Hans Werner Woltersdorf, *Denn der Geist ist's, der den Körper baut. Die Irrtümer des wissenschaftlichen Materialismus*, München 1991.

Maurice De Wulf, *Geschichte der mittelalterlichen Philosophie*, Tübingen 1913.

John W. Yolton, *Thinking Matter. Materialism in eighteenth Century Britain*, Oxford 1984.

Ders., *Locke and French Materialism*, Oxford 1991.

M. D. Zebenko, *Der Atheismus der französischen Materialisten des 18. Jahrhunderts*, Berlin 1956.

Eduard Zeller, *Geschichte der griechischen Philosophie* (1883), Stuttgart o .J.

SaLieR
VERLAG

Alfred Schmidt

Entstehungsgeschichte der humanitären Freimaurerei

Deistische Wurzeln und Aspekte

Herausgegeben
von Klaus-Jürgen Grün
und Thomas Forwe

ISBN 978-3-943539-40-0
Softcover
196 Seiten, 12 × 19 cm
1. Auflage 2014
Salier Verlag, Leipzig
EUR 12,00

Freimaurer sind entstanden wie Mythen: Auf einmal waren sie da. Es gibt keinen Autor, der sie erfunden hat. Sie entstehen im Klima der europäischen Aufklärung. Ihr erklärtes Ziel ist die Humanisierung des Menschen. Fromme Christen fürchteten zu Recht eine Marginalisierung ihrer eigenen Religion durch Freimaurerei. Daher haben viele von ihnen von Anbeginn an versucht, Freimaurerei selbst zu einer christlichen Religion umzumünzen. Aber dieser Versuch ist gescheitert. Und die geistesgeschichtlichen Quellen aus der Entstehung der Freimaurerei belegen ihre Herkunft aus der Kritik und Abkehr vom orthodoxen Christentum.

Mit filigraner Genauigkeit spürt Alfred Schmidt die Herausbildung der philosophischen Grundhaltung der Freimaurerei aus den Grundlagen des englischen Deismus auf und zeigt dabei, wie sich der Zweifel an metaphysischen Wahrheiten des Christentums in eine Metaphysik der Sitten verwandelt. Sie erweist sich als die Basis humanitärer Geisteshaltung.

Klaus-Jürgen Grün

Das verlorene Wort

Humanitäre Freimaurerei und die sanfte Revolte des autonomen Menschen

ISBN 978-3-943539-35-6
Softcover
184 Seiten, 12 × 19 cm
1. Auflage 2014
Salier Verlag, Leipzig
EUR 12,00

Freimaurerei wird von außen oft als etwas Altmodisches, Überlebtes betrachtet. Vielfach flüchten sich Autoren in die Geschichte, um akribisch aufzuzählen, welche großartigen Köpfe früher einmal Freimaurer waren. Zu wenig haben sie sich bislang mit den philosophischen und religionsphilosophischen Grundlagen der Freimaurerei und ihrer Bedeutung für ein modernes aufgeklärtes Bewusstsein befasst.

Klaus-Jürgen Grün beschreibt in diesem Buch, wie sich Freimaurerei zum Träger einer offenen Gesellschaft wandelt und warum die Gegner einer modernen Freimaurerei den Boden der Glaubhaftigkeit eingebüßt haben. Er macht deutlich, warum es großen Mutes und beharrlicher Arbeit an sich selbst bedarf, um nicht eigene Verantwortung für Taten und Versprechen an die Religionen und ihre Götter zu delegieren. Das Buch zeigt, wie in der Freimaurerei die neuzeitlichen Probleme der Bestimmung des Menschen und seine Stellung in Natur und Kosmos sich in einer Philosophie der Praxis auflösen.